LERNTIPPS

Kunstwerke verstehen

Bauten
Abbildungen von Bauwerken im Geschichtsbuch zählen wir zu den Bildquellen. Du kannst folgenden Fragen nachgehen:
1. Wer ließ das Gebäude/Bauwerk errichten, wer bezahlte es?
2. Wann war das?
3. Welche Interessen mögen der/die Auftraggeber gehabt haben?
4. Welchem Zweck sollte das Bauwerk dienen?
5. Was kennzeichnet das Bauwerk (Größe, Lage, Form und Stilelemente)?
6. Bildet das Bauwerk mit anderen eine Einheit?
7. Wurde es später verändert? Warum?

Siehe dazu das Beispiel auf Seite 39.

Gemälde und Statuen
Kunstwerke wie Gemälde und Statuen bilden die Wirklichkeit nicht ab; sie sind aber auch nicht reine Erfindungen des Künstlers. Die Wahl des Themas und die Art der Darstellung spiegeln das Denken der Zeit ihrer Entstehung. Sie können deshalb geschichtliche Quellen sein. Uns interessieren ihre Themen und Gestaltung sowie die Aussageabsicht des Künstlers.
Antworten auf folgende Fragen sind dazu hilfreich:
1. Welche Informationen gibt uns der Bildtitel?
2. Wie ist das Kunstwerk aufgebaut?
3. Ist das Kunstwerk auffallend groß oder klein?
4. Welche Personen werden dargestellt?
5. Welche Gegenstände sind zu sehen?
6. Wie groß sind sie gemalt?
7. Aus welcher Sicht?
8. Wofür wurden welche Farben oder Materialien verwendet?

Versuche das Kunstwerk mit Ereignissen seiner Entstehungszeit zu verknüpfen. Überlege, welche Wirkung der Künstler erzielen wollte.
1. Wer war der Künstler?
2. Hatte er einen Auftrag?
3. Aus welchem Anlass entstand das Kunstwerk? Für welchen Zweck?
4. Wo wurde es gezeigt?
5. Berücksichtige deine Kenntnisse aus dem Kunstunterricht oder informiere dich über Kennzeichen der künstlerischen Epoche, aus der das Kunstwerk stammt.

Wie du Bilder zum Sprechen bringen kannst, erfährst du auf Seite 59.

Schaubilder erklären

In einem Schaubild lässt sich übersichtlich darstellen, wie ein Staat oder eine Gesellschaft aufgebaut waren und vieles mehr. Es kann gut Zusammenhänge und Beziehungen zwischen Teilen eines Ganzen darstellen.
Beispiel Verfassung: Sie legt fest, wer regiert, also die Macht im Staat hat, wie der Staat aufgebaut ist, welche Rechte und Pflichten die Bürger haben.
Überlege zunächst, an welcher Stelle des Schaubildes du am besten mit der Beschreibung beginnst. Halte auch danach eine sinnvolle Reihenfolge ein. Wichtig sind die Beziehungen zwischen den Bestandteilen eines Schaubildes. Beachte die verwendeten Zeichen. Manchmal ist die Form des Schaubildes wichtig für die Deutung. Prüfe, welche Begriffe du erklären solltest.
Mögliche Arbeitsfragen:
1. Welche Ämter und Einrichtungen werden erwähnt? Wer hat Zugang zu ihnen, wer nicht?
2. Welche Teile der Bevölkerung werden genannt, welche nicht?
3. Wer arbeitet mit wem zusammen? Wobei?
4. Wer hat welche Aufgaben, Rechte oder Pflichten?
5. Wer hat wie viel Macht? Ist jemand von der Macht ausgeschlossen?

Schreibe die Antworten jeweils auf, ordne sie auf einem Stichwortzettel und präge sie dir ein. Trage die Ergebnisse möglichst frei vor.

Mithilfe dieser Hinweise kannst du beispielsweise die Schaubilder auf den Seiten 14, 34, 42, 51 und 80 erklären.

→ *Dieses Logo zeigt dir auf den Seiten dieses Buches weitere Lerntipps oder erinnert dich an die Informationen auf diesen Vorsatzblättern.*
Beachte auch die Tipps hinten im Buch.

Inhalt

Wir begegnen der Vergangenheit

Den ersten Menschen auf der Spur

Frühe Hochkulturen

Leben im antiken Griechenland

Das waren Zeiten oder: Wie sich die Zeiten ändern

Liebe Schülerinnen und Schüler,

Geschichte? Das ist doch das, was früher war, werdet ihr denken. Ja, so ist es.
Eure Großeltern und Eltern haben euch sicher schon von alten Zeiten erzählt und berichtet, was anders war, als sie jung waren. Und wahrscheinlich habt ihr schon etwas von den alten Ägyptern und Griechen gehört, von Burgen und Rittern, Schlössern und Königen oder Bauern und Handwerkern. Ihr kennt überraschende Entdeckungen und tolle Erfindungen, die unser Leben ebenso verändert haben wie Kriege und andere Katastrophen. Im neuen Fach Geschichte werdet ihr jetzt noch viel mehr über unsere Vergangenheit erfahren.
Dieses Buch wird euch dabei helfen herauszufinden, wie ganz anders das Leben in anderen Zeiten und Ländern war und wie all das entstanden ist, was unsere Welt und unseren Alltag heute prägt.
Wir haben dieses Buch so gestaltet, dass wir euch nur kurz erklären müssen, wie ihr mit ihm arbeiten könnt. Doch auf einiges möchten wir euch hinweisen: In den von uns verfassten Texten berichten wir euch jeweils über Entwicklungen in früheren Zeiten. Dazu findet ihr viele Abbildungen, denen ihr weitere Informationen entnehmen könnt. Internetangebote und CD-ROM-Tipps geben Anregungen, eigene Wege im Umgang mit der Geschichte zu finden. Exkursionsvorschläge laden euch ein, eure Umgebung zu erkunden.
Auf den Seiten mit dem gelblichen Rand haben wir **Materialien** *zusammengestellt, mit denen ihr euch ein eigenes Bild über frühere Zeiten machen könnt. Unsere* **Arbeitsvorschläge** *helfen euch dabei. Ihr könnt auch eigene Fragen stellen und sie mit den vielfältigen Materialien beantworten. Wie ihr dabei am besten vorgeht, erklären euch unsere Lerntipps. Vorn und hinten im Buch geben wir euch allgemeine Informationen zu wichtigen Arbeitsweisen unseres Faches. Auf den am Rand grün gefärbten Seiten im Band findet ihr besondere Beispiele, mit denen ihr selbstständig verschiedene Grundfertigkeiten erarbeiten könnt.*
In den Projekten – die am Rand blau eingefärbten Seiten – machen wir euch weitere Angebote, die über den Schulstoff hinausgehen.
In der Darstellung findet ihr gelb unterlegte Wörter: Diese Begriffe sind besonders wichtig und sollten nicht vergessen werden.

Damit ihr nicht den Überblick verliert, findet ihr nach jedem großen Kapitel zwei „Was war wichtig?"-Seiten, auf denen die wichtigsten Daten und Begriffe wiederholt werden und der Inhalt zusammengefasst wird. Vielfältige Anregungen runden diese Seiten ab. Alle wichtigen Daten, Begriffe und Personen werden im Anhang nochmal aufgeführt.
Das **Stichwort**- *und das* **Namensregister** *(siehe „Wo steht was?" und „Wer steht wo?") helfen euch bei der Suche nach Informationen.*
Die **Lesetipps** *zum Schluss des Buches bieten euch eine Auswahl von unterhaltsamen, spannenden oder informativen Jugendbüchern.*

Entstehung der Erde vor 5 Milliarden Jahren.

Dreilapper vor 550 Millionen Jahren.

Dinosaurier vor 230 bis 65 Millionen Jahren.

Urpferd vor 50 Millionen Jahren.

Urmenschen vor über drei Millionen Jahren.

Siedlung von Ackerbauern vor 7 500 Jahren.

Sphinx mit Cheops-Pyramide, 4500 Jahre alt.

Wir begegnen der Vergangenheit

Der Mittelpunkt Roms vor 1700 Jahren.

Sonntagsspaziergang in einer deutschen Kleinstadt vor 50 Jahren.

Eine deutsche Stadt vor 700 Jahren.

Das Schloss von Versailles vor 300 Jahren.

Wie unsere Zeit vergeht

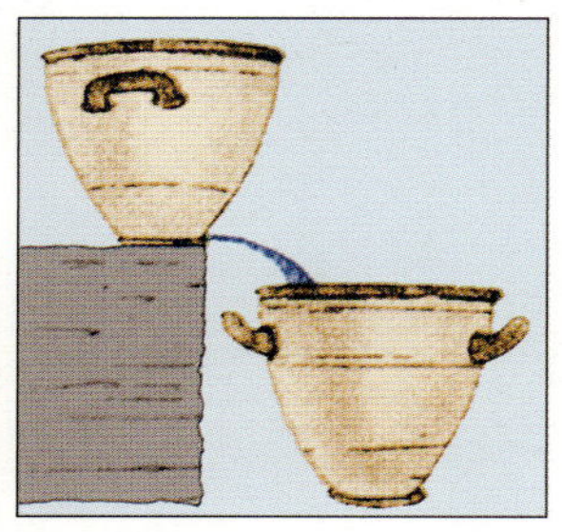

1 Wasseruhr, um 400 v. Chr.
Mit ihr wurde die Redezeit vor Gericht gemessen. Bei Beginn einer Rede entfernte man den Stöpsel im Boden des etwa fünf Liter fassenden Behälters. Nach rund sechs Minuten war der Behälter leer – und die Redezeit vorbei.

Wo bleibt die Zeit?

Manchmal scheint uns die Zeit zu rasen. Bei einem spannenden Film oder einem lustigen Spiel vergeht sie wie im Fluge. Oft haben wir aber auch das Gefühl, dass sie nur zäh verstreicht, zum Beispiel wenn es im Unterricht nicht vorwärts geht oder wenn wir im Wartezimmer des Arztes sitzen.
Dabei wissen wir, dass die Zeit immer gleich verläuft. Wir können sie weder anhalten noch beschleunigen.
Unser Zeitgefühl ist ungenau. Wir erinnern uns oft an Ereignisse, ohne genau sagen zu können, wann wir sie erlebt haben.

2 Sanduhr, um 1500.
Vergleiche die Funktion mit der Wasseruhr (Abb. 1).

Die Zeit messen

Wenn wir wissen wollen, wie spät es gerade ist oder welchen Tag wir heute haben, sehen wir auf die Uhr und den Kalender. Dabei könnten wir uns auch an dem Wechsel von Tag und Nacht, an dem Stand der Sonne, des Mondes oder an anderen regelmäßig wiederkehrenden Erscheinungen der Natur wie den Jahreszeiten orientieren.
Das machten die Ägypter schon vor 5000 Jahren. Sie hatten festgestellt, dass der Nil immer dann Hochwasser brachte, wenn im Osten vor Sonnenaufgang der Stern Sirius hell am Himmel leuchtete. Mit diesem Tag begann für sie das neue Jahr. Die Zeit zwischen den zwei Neujahrstagen unterteilten sie in drei Jahreszeiten zu je vier Monaten von je 30 Tagen. Die fehlenden fünf Tage fügten sie am Ende hinzu. Damit hatten sie einen **Kalender** entwickelt. Er war allerdings noch unvollkommen.

Welches Jahr haben wir gerade?

Um Jahresangaben machen zu können, brauchen wir einen Bezugspunkt. Für uns ist das die Geburt Christi. Wir teilen die Jahre in die Zeit *vor und nach Christi Geburt (v. und n. Chr.)* ein. Diese **Zeitrechnung** setzte sich etwa vor 1400 Jahren in Europa durch. Davor gab es andere Zählungen, zum Beispiel nach Regierungszeiten von Herrschern.

3 Pendeluhr, um 1765.
Vor rund 400 Jahren wurde entdeckt, dass ein Pendel für eine volle Schwingung (hin und zurück) immer die gleiche Zeit benötigt. Danach konnten Uhren hergestellt werden, die auf die Minute genau gingen.

Heute gibt es immer noch verschiedene Jahreszählungen. Eine davon ist die islamische. Sie setzt mit dem Jahre 622 unserer Zeitrechnung ein. In dem Jahr wurde der Prophet *Mohammed* aus Mekka nach Medina vertrieben.
Für die Juden beginnt die Zeitrechnung mit der Erschaffung der Welt. Nach der Bibel war das 3761 v. Chr.
Trotz aller Unterschiede: Im heutigen Wirtschaftsleben wird weltweit die bei uns übliche christliche Jahreszählung benutzt.

4 Zimmeruhr.
Solche Uhren standen bis weit in die 1960er-Jahre in den Wohnzimmern.

Epochen

Um größere Zeiträume übersichtlich zusammenzufassen, unterteilen wir sie in Jahrtausende oder Jahrhunderte. Wenn wir vom 19. Jahrhundert sprechen, meinen wir den Zeitraum von 1801 bis 1900.
Außerdem haben wir den Verlauf der Geschichte in große Einheiten gegliedert. Wir nennen sie **Epochen**. Vor über 300 Jahren machte ein Gelehrter den Vorschlag, die europäische Geschichte in drei große Epochen zu gliedern: in **Altertum**, **Mittelalter** und **Neuzeit**. Diese Einteilung sah zum einen die griechische und römische Geschichte zwischen 1000 v. Chr. und 500 n. Chr. als eine Einheit an. Zum anderen ging sie davon aus, dass mit der Entdeckung Amerikas um 1500 etwas ganz Neues begonnen hatte. Die Zeit zwischen Altertum und Neuzeit wurde daraufhin als Mittelalter bezeichnet.
Diese Dreiteilung der Geschichte wurde durch zwei weitere Epochen ergänzt: die **Vorgeschichte** (auch *Ur- und Frühgeschichte* genannt) und die **Zeitgeschichte**. Die eine umfasst die Zeit bis zu den ersten schriftlichen Zeugnissen um 3000 v. Chr., die andere die jüngste Zeit, von der uns noch lebende „Zeitzeugen" berichten können.

7 Bilder aus verschiedenen Epochen.

3000 v. Chr. | 2500 v. Chr. | 2000 v. Chr. | 1500 v. Chr. | 1000 v. Chr. | 500 v. Chr. | Christi Geburt | 500 | 1000 | 1500 | 2000

Vorgeschichte | Altertum | Mittelalter | Neuzeit | Zeitgeschichte

5 Epochen der Geschichte. *Maßstab: 1,5 cm = 500 Jahre*

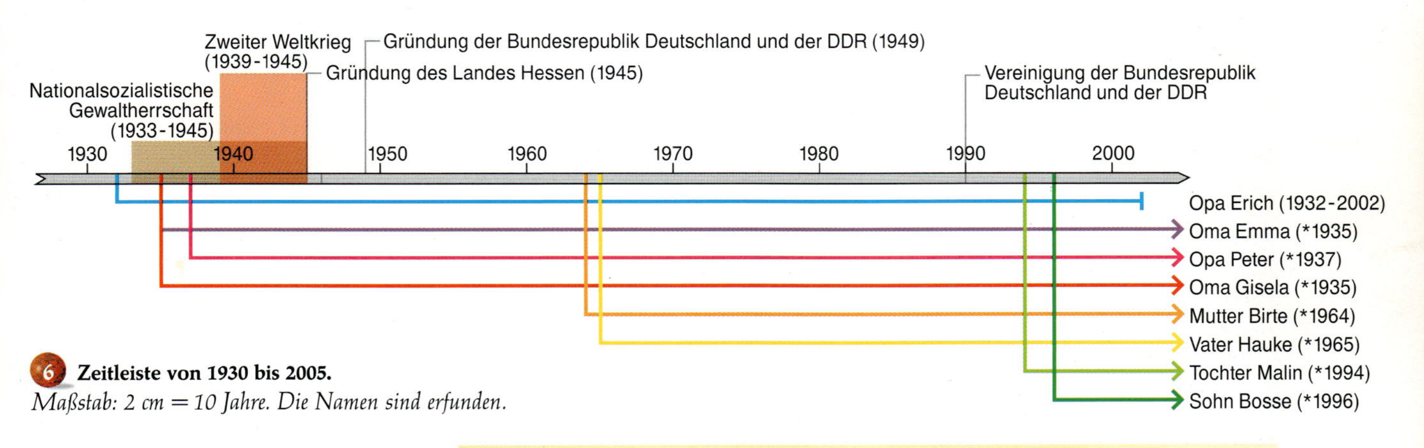

6 Zeitleiste von 1930 bis 2005.
Maßstab: 2 cm = 10 Jahre. Die Namen sind erfunden.

Zeitleisten anlegen

Mit einer Zeitleiste kannst du den Verlauf der Zeit anschaulich darstellen. Trage auf einer Linie die Jahreszahlen ein und ordne den Daten und Jahren Ereignisse oder Bezeichnungen zu. Achte auf den Maßstab: Gleiche Zeiträume brauchen gleiche Abstände. Das ist bei langen Zeiträumen schwierig. Dann hilft oft nur ein anderer Maßstab.
Zeitleisten können auch das Nebeneinander von verschiedenen Ereignissen verdeutlichen. Ein Beispiel dafür ist M 2. Dort findest du Angaben über eine Familie und zur Geschichte.

1. *In welcher Epoche lebst du? In welchem Jahrhundert bist du geboren?*
2. *Lege eine Zeitleiste nach dem Muster von Abb. 5 an, zeichne die Bilder (Abb. 7) ab und ordne sie auf der Zeitleiste den jeweiligen Epochen zu.*
3. *Ihr könnt vielleicht an einer Wand in eurem Klassenzimmer eine fünf Meter lange Zeitleiste für die Zeit von 3000 v. Chr. bis 2000 n. Chr. befestigen (ein Meter für 1000 Jahre). Tragt die Epochen ein, macht Kopien (Vergrößerungen) von den Bildern dieser Doppelseite und befestigt sie in der richtigen zeitlichen Reihenfolge auf der Zeitleiste. Welche Bilder lassen sich nicht einordnen? Tragt das Gründungsjahr eurer Schule und anderer wichtiger Gebäude eures Schulortes wie Kirche, Rathaus und Bahnhof in die Zeitleiste ein. Im Laufe des Schuljahres könnt ihr weitere Abbildungen und wichtige Ereignisse berücksichtigen. Vielleicht malt oder bastelt ihr dazu selbst Bilder und Collagen.*
4. *Lege eine Zeitleiste nach dem Muster von Abb. 6 an, ändere aber den Maßstab. Trage die Lebensdaten deiner Großeltern, Eltern und Geschwister ein. Füge dazu besondere Daten deiner Familie wie Hochzeitsjahre der Eltern, den Wechsel des Wohnortes oder andere dir wichtig erscheinende Daten.*

M 1 Der Kalender wird geändert

Ein Papst ordnet im 16. Jh. den Kalender neu:

Nur alle vier Jahre steht der 29. Februar im Kalender. Geburtstag feiern, Hochzeit halten – nicht jeder würde sich dafür freiwillig diesen Tag aussuchen. Rein rechnerisch gibt es in Deutschland 55 000 „Schalttagskinder", weltweit sollen es vier Millionen sein. [...]
Egal, wie man nun persönlich zum 29. Februar steht – Tatsache ist, dass ohne den Schalttag im Kalender ein einziges Chaos herrschen würde. „Papst Gregor XIII.* hat die Sache in Ordnung gebracht", stellt dazu ein Professor für Astronomie** fest. Die Erdumdrehung bestimmt die Tageslänge und der Umlauf der Erde um die Sonne die Anzahl der Jahrestage, wie der Professor erklärt. Beides geht aber nicht zusammen, weil die Länge des Jahres exakt 365 Tage, fünf Stunden und 49 Minuten beträgt. Einen Ausgleich hatte schon Julius Caesar*** im Sinn und ließ alle vier Jahre mit einem Tag schalten.
Papst Gregor XIII. passte den Kalender dann noch besser an den Verlauf der Sonne an und ordnete an, im Zeitraum von 400 Jahren 97 statt 100 Schalttage einzusetzen. So verbesserte er die Genauigkeit des Kalenders, der seitdem nicht mehr Julianischer, sondern Gregorianischer Kalender heißt.

Fränkischer Tag vom 28. Februar 2004 (vereinfacht)

* **Gregor XIII.**: *Der Papst lebte von 1502 bis 1585.*
** **Astronomie**: *Sternkunde*
*** **Gaius Julius Caesar**: *Der Feldherr, Politiker und Schriftsteller Caesar lebte 100 bis 44 v. Chr.*

THE JERUSALEM
POST
INTERNATIONAL EDITION
NO. 2044 JANUARY 7, 2000 • TEVET 29, 5760 • 29 SHAABAN 1420

M 2 Kopfzeile einer Zeitung (Ausschnitt).
Bestimme das Land, in dem die Zeitung erscheint, und erkläre, warum dort drei verschiedene Daten genannt werden. Lies dazu auf der Seite 8 den Abschnitt „Welches Jahr haben wir gerade?". Einer der drei Jahresangaben liegt das Mondjahr mit nur 354 Tagen zugrunde. Welcher?

M 3 Sonnenuhr.
Die Uhr steht im Vorgarten des Rittergutes Bordenau bei Hannover und stammt aus dem 18. Jahrhundert.

1. *Wir messen die Zeit mit der Stoppuhr: Du sprintest in Gedanken 100 Meter und schätzt die Zeit. Dein Partner ist Kampfrichter, gibt den Startschuss und misst die Zeit mit der Stoppuhr. Wenn du am „Ziel" bist, gibts du ihm ein Zeichen. Laufe deutschen Rekord über 100 Meter für Frauen (10,81 sec.) oder den Weltrekord für Männer (9,78 sec.). Wer trifft diese Zeiten am genauesten? Was zeigt dir dieses Experiment?*
2. *Wir messen die Zeit mit einer selbstgebastelten Sonnenuhr: Ihr benötigt einen Stab (Stock) von 30 bis 50 cm Länge, der senkrecht auf dem Boden in der Sonne stehen muss. Nun könnt ihr feststellen, wie schnell sich der Schatten eures „Uhrzeigers" bewegt. Markiert mit Kreide den Schatten zu einer vollen Stunde und dann jeweils ein, zwei, drei Stunden später. Weil ihr nun ausrechnen könnt, wo der Schatten nach vier bis acht Stunden sein wird, könntet ihr euer „Zifferblatt" schon weiter aufmalen. Damit ihr allerdings eine richtig gehende Sonnenuhr habt, müsst ihr sie noch „stellen", also das Zifferblatt mit den Uhrzeiten versehen. In welche Himmelsrichtung zeigt der Schatten, wenn die Sonne am höchsten steht? Um dort die richtige Uhrzeit zu notieren und somit eure Uhr zu stellen, benutzt ihr am besten einen Kompass.*
3. *Überlegt, wie es wäre, wenn ihr die Sonnenuhr als einzigen Zeitmesser hättet. Schreibt auf, was sich an eurem Leben ändern würde! Nehmt als Beispiel einen Tag, an dem ihr viel vorhabt.*
4. *Bau dir – wenn du zu Hause die Möglichkeit hast – mit einfachsten Mitteln eine Wasseruhr, die den ganzen Tag läuft und bei der außerdem die Zeit hörbar abläuft! Tipp: Überlege, wie du Wasser dazu bringst, einen 10-Liter-Eimer am langsamsten zu füllen, und stelle fest, wie lange das dauert.*
5. *Lies M 1 genau und erkläre, worin das Problem bestand und wie es gelöst wurde. Ahme dabei die Bewegung der Erde um die Sonne nach.*
6. *Nenne Gründe, warum der Papst sich um den Kalender kümmerte (M 1).*

Geschichte erleben

Orte der Erinnerung

Museen sind Orte der Erinnerung. Dort werden Quellen und Überreste aus der Vergangenheit gesammelt, untersucht, teilweise in den ursprünglichen Zustand gebracht (*restauriert*) und ausgestellt. Die ersten öffentlichen Sammlungen entstanden vor etwa 200 Jahren.

Für die Erforschung unserer Geschichte sind die Heimatmuseen besonders interessant. In ihnen finden wir neben Urkunden, Bildern, Wappen und sonstigen Funden aus der überlieferten Geschichte einer Region oft auch Gegenstände wie Möbel, Werkzeuge und Trachten, die uns über vergangene Lebensweisen und alte Bräuche informieren.

Neben diesen Sammlungen gibt es Spielzeug-, Schul-, Feuerwehr-, Verkehrs- sowie Freilandmuseen. Spezielle Museen zeigen auch archäologische Funde aus der Vor- und Frühgeschichte oder römische Hinterlassenschaften wie Münzen, Figuren und Ausrüstungsgegenstände.

Heute finden wir in einigen Museen nicht nur Ausstellungsstücke (*Exponate*), sondern wir dürfen dort ausprobieren, wie z.B. früher Garne oder Seile hergestellt wurden, wie unsere Vorfahren getöpfert, geschneidert, gewebt oder gekocht haben. Betreuer helfen uns und halten Materialien und nachgebildete Werkzeuge bereit.

Geschichte im Archiv erforschen

Wenn du mehr über die Geschichte deines Heimatortes erfahren willst, als bisher bekannt ist, kannst du im **Archiv** forschen. Dort werden Urkunden, Akten, Protokolle, Briefe, Karten, Pläne, Fotos, Zeitungen und Tondokumente gesammelt, geordnet und aufbewahrt. Computer haben die Sammlung und Benutzung von Archivalien gegenüber früher stark verbessert.

Neben den Stadt- oder Heimatarchiven gibt es Staats-, Landes- Militär-, Kirchen-, Wirtschafts-, Partei-, Literatur-, Rundfunk-, Zeitungs- und Filmarchive.

1 Auch Briefmarken erinnern.
Auf den beiden Marken sind zwei Personen abgebildet, die in Frankfurt a. M. zur Welt kamen. Nenne sie. Berichte, wann sie gelebt haben und was sie berühmt machte.

Sie können in der Regel nur auf Antrag benutzt werden.

Archive heben nicht alles auf. Gesammelt wird nur, was der Archivar als aufbewahrungswert ansieht. Da sich die Meinung darüber im Laufe der Zeit geändert hat, lassen sich mit den heutigen Archivbeständen nicht alle Fragen beantworten, die uns interessieren. So finden wir in den Archiven z.B. nur wenige Quellen über lange zurückliegende alltägliche Dinge wie die Körperpflege vor 500 Jahren.

Archivalien wurden oft auch vernichtet, um die Spuren der Vergangenheit zu verwischen.

Sieh' mal, denk' mal – Denkmal

Denkmäler im engeren Sinne sind Werke, die bewusst geschaffen und errichtet wurden, um die Öffentlichkeit an Herrscher, Dichter, Denker und Erfinder, an Sieger und Opfer zu erinnern.

Mit diesen „Kunstwerken" werden die Menschen aufgefordert, die Erinnerung an gemeinsame Vorfahren oder besondere Ereignisse wach zu halten. Sie sollen ein Bewusstsein für die guten und schlechten Seiten der gemeinsamen Geschichte entwickeln. Diese Denkmäler erinnern nicht nur, sondern sie sagen uns außerdem etwas über die Menschen, die sie errichten ließen.

Auch Pyramiden, „Hünengräber", Tempel, Kirchen, Theater, Schlösser, Grabsteine, Fabrikgebäude sowie künstlerische, technische und handwerkliche Arbeiten können „Denkmäler" sein. Sie geben uns Auskünfte über die Zeit, in der sie entstanden sind.

2 Ein Klassenzimmer um 1900.
Foto aus dem Schulmuseum Lohr/Main von 1999.

1. *Berichte von deinem letzten Museumsbesuch. Was hat dich besonders beeindruckt?*
2. *Über welche Lebensbereiche in früherer Zeit würdet ihr euch gerne in einem Museum informieren?*
3. *Legt eine Liste von Personen und Ereignissen an, auf die an eurem Schul- oder Wohnort durch Denkmäler hingewiesen wird. Informiert euch und schreibt auf, warum sie geschaffen wurden, wann sie entstanden oder errichtet wurden.*

LERNTIPP

Den ersten Menschen auf der Spur

So müsste es passen", murmelte Don vor sich hin. Er hatte dem angeregten Gespräch der anderen nicht zugehört, sondern auf den Knochen eines Unterarms gestarrt, den er in der Hand hielt. „Das ist wie ein Puzzle", meinte er schließlich und legte den Fund zu den anderen auf den Tisch.
Es war der 30. November 1974. Gemeinsam mit amerikanischen und französischen Forschern suchte Don im Nordosten Äthiopiens nach Überresten aus der Vorzeit der Menschen. Im Hintergrund leierte ein Tonband unablässig einen Hit nach dem anderen. Doch niemand hörte zu. Kein Wunder, denn was vor ihnen auf dem wackeligen Campingtisch lag, war viel interessanter. – Nein: Es schien eine Sensation. „Ich kann es noch gar nicht fassen." Tom nahm einen kräftigen Schluck aus der Dose. „Ich hätte das auch nicht gedacht, als wir heute Morgen loszogen", meinte Maurice. „Das Gebiet hier sah zwar ganz viel versprechend aus. Wir konnten brauchbare Funde aus einer frühen Zeit erwarten. Aber der hier übertrifft meine kühnsten Erwartungen. Ein so gut erhaltenes Skelett aus der Vorzeit hat vor uns noch keiner gefunden; rund ein Drittel aller Knochen ist erhalten." – „Lasst uns weitermachen", warf Don ungeduldig ein. „Fassen wir zusammen!" Er blickte auffordernd in die Runde: „Wir haben die Überreste eines weiblichen Lebewesens vor uns, etwa einen Meter groß, dreißig Kilogramm schwer. Der Unterkiefer und die langen Armknochen ähneln denen eines Schimpansen … " „Moment mal!", unterbrach Maurice. „Dass wir das bisher noch nicht bemerkt haben! Seht euch das einmal genauer an, das sind doch keine Affenknochen." Auch den anderen fiel es jetzt wie Schuppen von den Augen: „Der Winkel zwischen Becken- und Oberschenkelknochen sieht ganz anders aus als beim Affen. Dieses Wesen muss sich anders fortbewegt haben als ein Schimpanse. Es muss aufrecht gegangen sein wie ein Mensch."
Keiner sprach es aus, aber alle wussten, dass dies kein x-beliebiger Fund war. Diese Knochen eines vermutlich weiblichen Wesens würden sie berühmt machen. Nun gab es endgültig kein Halten mehr. Alle redeten durcheinander und prosteten sich gegenseitig zu. Als es zufällig für einen Augenblick ganz still wurde, hörten sie vom Tonband, das immer noch im Hintergrund lief, die Titelzeile des Beatles-Songs „Lucy in the Sky with Diamonds". In dem Augenblick schlug jemand übermütig vor: „Nennen wir sie doch einfach Lucy!"

Dieter Brückner

Urmenschen in Afrika vor über drei Millionen Jahren.
Zeichnung von John Gurche, 1986.

Wie alt ist der Mensch?

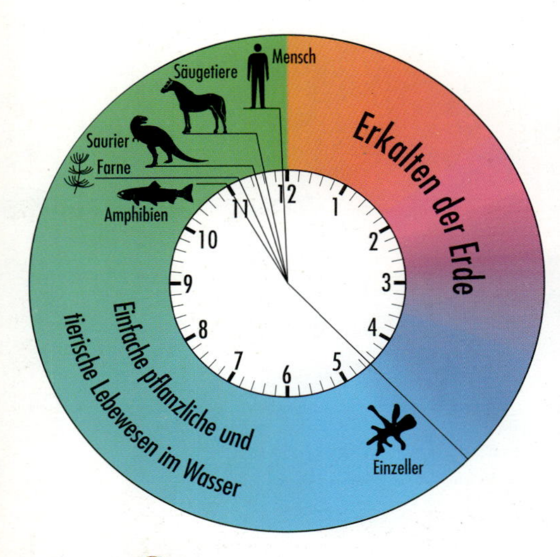

1 Die Erdzeituhr.
Eine Rechenaufgabe: Wir setzen das Alter der Erde (5 Milliarden Jahre) mit 12 Stunden gleich. Wie spät war es, als die ersten menschenähnlichen Wesen die Erde bevölkerten?

Am Anfang war …
Niemand weiß genau, wie die Erde entstand und wie alles Leben begonnen hat. Sicher scheint, dass unser Planet bereits seit etwa fünf Milliarden Jahren (5 000 000 000) die Sonne umkreist. Am Anfang hatte die Erde weder eine feste Oberfläche, noch gab es Leben auf ihr. Allmählich trennten sich Gestein und Wasser. In den Meeren entwickelten sich vor drei bis vier Milliarden Jahren erste Lebewesen: Bakterien und Algen. Weitere 2 1/2 bis 1 1/2 Milliarden Jahre dauerte es, bis die ersten Tiere entstanden. Das zeigen heute **Fossilien**. Das sind versteinerte Reste urweltlicher Pflanzen und Lebewesen. Die ersten Tiere wagten sich vor etwa 400 Millionen Jahren an Land. Zwischen hohen farnartigen Pflanzen beherrschten im Erdmittelalter vor 230 bis 65 Millionen Jahren die Dinosaurier Land und Meer. Als sie ausstarben, gab es bereits viele Säugetiere und Vögel.

Und die ersten Menschen?
Seit etwa 30 Millionen Jahren leben Menschenaffen (*Primaten*) in den Regenwäldern Afrikas. Sie gelten als unsere Vorfahren. Die ältesten Überreste eines aufrecht gehenden menschenähnlichen Lebewesens (*Hominiden*) sind erst sieben Millionen Jahre alt. Sie wurden 2002 im Tschad (Zentralafrika) gefunden. Auch wenn sicher ist, dass diese **Urmenschen** von den Menschenaffen abstammen, so wissen wir immer noch nicht genau, wie unser letzter gemeinsamer Vorfahre aussah. Die Entwicklung vom Menschenaffen zum Urmenschen erklären die Wissenschaftler unter anderem mit einschneidenden Umweltveränderungen. Durch zunehmende Trockenheit waren die tropischen Regenwälder allmählich zurückgedrängt worden. Immer mehr Menschenaffen lebten daher am Rande der Wälder. Einige verließen sie, um ihr Auskommen an den nahrungsreichen Ufern der Flüsse und Seen zu finden. In den mit Büschen und wenigen Bäumen bestandenen Graslandschaften gewöhnten sich unsere frühesten Vorfahren an den aufrechten Gang.

2 Schimpanse, „Lucy" und ein Mensch von heute.
„Lucy" lebte vor 3,2 Millionen Jahren in Afrika. Beschreibe die Unterschiede.

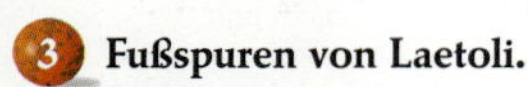

3 Fußspuren von Laetoli.
Bei Laetoli in Tansania (Ostafrika) wurden 1978 in vulkanischer Asche auf einer Länge von 25 m Fußabdrücke von Urmenschen und Tieren gefunden, die rund 3,5 Millionen Jahre alt sind.
Woran erkennt man, dass hier Menschen gegangen sind?

4 Fundorte von Urmenschen in Afrika.

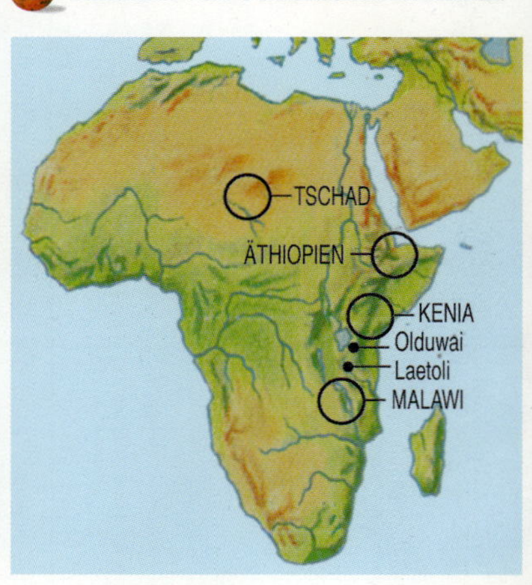

Der Frühmensch und die Steine

Da unsere Vorfahren aufrecht gingen, konnten sie in ihrer Umgebung Nahrung und Gefahren besser und schneller erkennen. Außerdem hatten sie jetzt die Hände frei. Mit ihnen konnten diese **Frühmenschen** Gegenstände tragen und einfache Werkzeuge und Waffen aus Stein herstellen. Die ersten sind zwischen 2,5 und 1,6 Millionen Jahre alt: Die Altsteinzeit hatte begonnen.

Faustkeile und Feuer

Die Frühmenschen lebten von Früchten, Nüssen, Wurzeln und Fleisch. Schnittspuren von Werkzeugen auf Tierknochen lassen erkennen, dass sie Klingen oder Schaber aus Stein benutzten. Zum wichtigsten Gerät der gesamten Steinzeit wurde der **Faustkeil**: ein Stein, der gut in der Hand lag und an zwei Seiten geschärft war.
Vor 1,5 Millionen Jahren gelang es den Frühmenschen, das Feuer zu beherrschen. Die ersten Hinweise darauf stammen aus Südafrika. Die Flammen boten den Frühmenschen Schutz vor Raubtieren, Licht bei Nacht, Wärme und die Möglichkeit, Nahrung durch Erhitzen bekömmlicher und haltbarer zu machen.

6 Faustkeil.
Alter: etwa 500 000 Jahre; Länge: 14,5 cm; Fundort: Rethen (Stadt Laatzen). Wo ist die Schneide?

5 Vom Ur- zum Frühmenschen.

Denken und sprechen

Wer jagt, Feuer macht und Werkzeuge anfertigt, muss planen und vorausdenken. Die Frühmenschen waren dazu in der Lage, weil ihr Gehirn größer und leistungsfähiger geworden war als das der Urmenschen. Auch eine Art Lautsprache entstand. Sie ermöglichte es, erfolgreich zusammen jagen und Informationen an andere weitergeben zu können. Sicher klang die Sprache der Frühmenschen anders als unsere. Denn der Kehlkopf und die Beweglichkeit der Zunge haben sich erst im Laufe der langen Entwicklungsgeschichte des Menschen so herausgebildet, dass wir sprechen können, wie wir es heute tun.

Der Frühmensch breitet sich aus

Auf der Jagd dehnten die Frühmenschen von Generation zu Generation ihren Lebensbereich immer weiter aus. Weil sie das Feuer beherrschten und Felle gejagter Tiere als wärmende Kleidung benutzten, waren sie vom Klima unabhängiger als ihre Vorfahren. So konnten die Frühmenschen in Gebieten leben, die weniger warm waren. Vor etwa zwei Millionen Jahren verließen die ersten Afrika und zogen nach Europa und Südostasien.
Die ältesten Funde von Frühmenschen in Europa wurden 1992/94 von Archäologen* in Spanien gemacht. Sie sind knapp 1 Million Jahre alt. Bis dahin galt der 1907 in einer Kiesgrube in Mauer bei Heidelberg entdeckte Unterkiefer als das älteste Zeugnis eines Europäers. Weitere Funde von Frühmenschen stammen aus Bilzingsleben in Thüringen. Sie sind rund 400 000 Jahre alt.

7 Spitze eines Wurfspeeres.
Alter: etwa 370 000 Jahre; Material: Fichte; Gesamtlänge des Speeres: 2,50 m; Fundort: Schöningen (Kreis Helmstedt).

* **Archäologen**: *Altertumsforscher; zur Arbeit der Archäologen siehe hier Seite 17.*

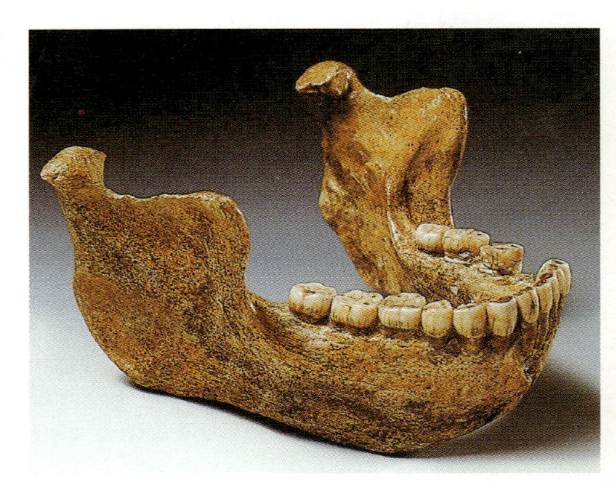

8 Der Unterkiefer von Mauer bei Heidelberg.
Alter: etwa 600 000 Jahre.

M 1 Ein Werkzeugmacher.
Zeichnung von John Richards.

M 2 Ein Steingerät entsteht.
Diese Werkzeuge konnten nur aus spaltbarem Gestein wie Quarzit und Feuerstein hergestellt werden.

M 3 Leben in der Frühzeit
Der Ur- und Frühgeschichtsforscher Hansjürgen Müller-Beck zeichnet ein Lebensbild der Frühmenschen in Olduwai (Tansania) vor rund zwei Millionen Jahren:

Noch einmal schaut sich die junge Oldowan-Frau um. Ihr Partner verschwindet mit seinem Freund schnellen Schrittes im hohen Steppengras. Seine neue 5 Lanze, die gestern fertig wurde und von der so viel abhängt, trägt er geschultert. Die Frau zieht ihre zweitgeborene Tochter näher an sich heran und stillt sie. Das erste Kind war nur einen 10 Sommer lang am Leben geblieben. Die junge Mutter bricht mit ihren zwei Schwestern und einem etwas älteren Mädchen zum Graben von Knollen auf, die sie in ihren Fellbeuteln zurück 15 zu den Windschirmen unter dem großen Schutzbaum bringen werden, in dem man die Nacht gemeinsam in Baumnestern verbringt. Alle drei wagen sich mit ihren beiden Kindern nicht 20 über die Sichtdistanz zum Lager hinaus. Den jungen Leoparden, der sich plötzlich an das ältere grabende Mädchen heranpirscht, bemerken sie erst, als er zum letzten Sprung ansetzt. Der 25 abwehrende Stoß mit dem Grabstock ist aber zu schwach, so dass es dem Tier gelingt, sich im Arm der Verteidigerin zu verbeißen. Doch das war sein letzter Angriff. Es verendet unter den 30 jetzt rascheren Stößen der sich wehrenden Frauen. Das Graben wird abgebrochen. Sie eilen in das Lager zurück, um die Wunde am Arm zu versorgen und die Blutung zu stillen. Die alte Mutter 35 hat dafür einen Kräutervorrat bereit, der nach einigen Stunden Auflegen wirklich hilft.

Hansjürgen Müller-Beck, Die Steinzeit. Der Weg der Menschen in die Geschichte, München [3]2004, S. 41 f.

M 4 Werkzeuge.
Links ein 1,7 Millionen Jahre altes Hackwerkzeug aus Geröllstein, rechts ein 1 Million Jahre alter Faustkeil.

1. *Was könnten die Frauen abends am Lagerfeuer den zurückkehrenden Männern berichtet haben? Erzählt die Geschichte von Hansjürgen Müller-Beck (M 3) zu Ende.*
2. *Über die Aufteilung der täglichen Arbeiten zwischen Männern und Frauen in der Frühzeit haben wir keine Quellen. Trotzdem vermuten wir bei den Geschlechtern bestimmte Verhaltensweisen und Aufgaben. Sucht Erklärungen dafür.*

Mit dem Spaten forschen

Wie kam die Steinzeitaxt nach …?
Immer wieder melden unsere Zeitungen überraschende Funde. Dann haben aufmerksame Baggerführer in Baugruben vielleicht wertvolle Zeugnisse der Vergangenheit entdeckt oder Wanderer einen besonderen Fund gemacht.
Nach Spuren menschlichen Lebens suchen ist Aufgabe der Archäologen. Diese Forscher benutzen dazu nicht nur den Spaten. Sie setzen heute vor allem technische Geräte wie Metallsuchgeräte ein, um beispielsweise Münzen unter der Erde zu entdecken. Oder sie werten Luftbilder aus: Wachsen Pflanzen an einer Stelle auffällig anders als in der Umgebung oder lassen sich bestimmte Merkmale auf dem Erdboden erkennen, so kann dies auf menschliches Leben in weit zurückliegender Zeit hinweisen.

M 1 Spuren eines römischen Gutshofes im Main-Kinzig-Kreis.
Luftaufnahme, um 1980.

Aus der Erde ins Museum
Bereits während einer Grabung werden die Funde ausgewertet, also gereinigt, beschrieben und datiert. Oft sind Fundstücke zerbrochen oder nur teilweise erhalten. Dann versuchen Fachleute, sie zu restaurieren, also in ihrer ursprünglichen Form zusammenzusetzen und dabei die vielleicht fehlenden Teile zu ergänzen. So wissen wir dann wieder ein bisschen mehr über unsere Vorfahren. Waren die Funde bedeutend, werden sie in Museen gezeigt.

M 2 Fund und Restauration.
Die Scherben sind etwa 5000 Jahre alt. Bei der Restaurierung des Gefäßes mussten fehlende Teile ergänzt werden.

M 3 Wie arbeiten Archäologen?
Das Grabungsgelände wird vermessen (1), gekennzeichnet und in Quadrate eingeteilt. Die oberen Erdschichten werden Zentimeter für Zentimeter abgetragen (2), bis erste Funde auftauchen. Die gelockerte Erde wird gesiebt (3) um auch besonders kleine Gegenstände nicht zu übersehen. Gräbt man tiefer, zeigen sich an den Wänden unterschiedliche Farben der Erde, die genau untersucht werden (4). Alle Funde werden mit feinen Werkzeugen wie Spitzkellen, Zahnarzthaken, Pinseln und Kehrblechen vorsichtig freigelegt, fotografiert, in ein Grabungstagebuch und eine Grabungskarte eingetragen sowie zur Auswertung ins Labor gebracht.
Ist die Grabung beendet, gilt es, die einzelnen Funde zu **datieren**, *d.h. ihr Alter festzustellen. Dazu gibt es verschiedene Methoden. Erste Hinweise auf das Alter der Funde gibt uns die Folge der Schichten im Boden. Im Allgemeinen liegen ältere Funde tiefer im Boden als jüngere. Erdforscher (Geologen) helfen dabei, das Alter der Erd- bzw. Gesteinsschichten zu bestimmen. Biologen können aus aufgefundenen winzigen Blütenstaubkörnern (Pollenkörnern) feststellen, welche Bäume, Sträucher, Gräser und Blumen in der jeweiligen Zeit wuchsen.*

1. *Nenne die Hilfsmittel der Archäologen und bestimme ihre Aufgaben (M 3).*
2. *Auf der Zeichnung (M 3) weisen mehrere Funde auf menschliches Leben hin. Nenne sie.*
3. *Findet heraus, welche Ausbildung ein Archäologe braucht.*
4. *Bei Bauarbeiten stößt ein Bagger auf einen archäologischen Fund. Die Baufirma will weiter buddeln, doch die Archäologen möchten die Funde mit einer Notgrabung retten. Bereitet ein Rollenspiel vor, in dem sich Bauarbeiter und Ausgräber gegenüberstehen.*
5. *Vielleicht läuft gerade in eurer Umgebung eine Grabung. Erkundigt euch im Rathaus oder beim Amt für Denkmalpflege.*

Von Neandertalern und anderen Menschen

1 **Neandertaler.**
Rekonstruktion von Elisabeth Daynès, 1996.*

__Rekonstruktion__: Versuch, etwas in seinem ursprünglichen Zustand aus einzelnen bekannten Teilen bis in Einzelheiten genau nachzubilden oder wiederherzustellen.

Das Ende der Eiszeiten

Vor etwa einer Million Jahren war Mitteleuropa mit einer dicken Eisschicht bedeckt, die sich vom Nordpol bis an den Rhein erstreckte. Die riesigen Gletscher verschwanden allmählich, als es wärmer wurde. Mehrfach wechselten sich „Kaltzeiten" mit „Warmzeiten" ab. Sie veränderten die Pflanzen- und Tierwelt. Solche Phasen hielten Tausende von Jahren an: Die letzte Eiszeit in Mitteleuropa dauerte etwa von 75 000 bis 10 000 v. Chr.

Ein besonderer Fund

Im Jahre 1856 fanden Arbeiter in einem Steinbruch im Neandertal bei Düsseldorf Skelettreste. Erst viele Jahrzehnte später, als Forscher die Knochen aus dem Neandertal mit anderen alten Skelettresten verglichen, erkannten sie, dass sie etwa 70 000 Jahre alt sind und zu einem frühen Menschentyp gehören. Diese Menschenart erhielt den Namen **Neandertaler***. Inzwischen sind in Europa und im Nahen Osten etwa 300 Überreste von Neandertalern gefunden worden. Die ältesten sind 130 000 Jahre alt.

Primitive Ungeheuer?

Die Neandertaler hatten sich den kalten Lebensbedingungen unseres Kontinents angepasst. Ihre Körper waren kleiner und kräftiger als unsere. Sie erreichten meist nur eine Größe von 1,60 m, wogen dafür aber 75 kg. Sie waren unempfindlich gegen Kälte. Ihr Mund und ihre Zähne waren kräftiger als unsere. Sie verwendeten Steinwerkzeuge und bearbeiteten Knochen, Geweih und Elfenbein. Sie konnten gut sprechen. Selten wurden sie älter als 40 Jahre.
Anhand von Knochenfunden konnten Wissenschaftler nachweisen, dass einige Neandertaler für Alte und Gebrechliche sorgten, ihre Toten beisetzten oder verbrannten. In Gräbern fanden sich Werkzeuge, Tierschädel und Blütenpollen.

** Wissenschaftler schreiben den Neanderthaler noch wie im 19. Jh. mit „h".*

Die Neandertaler sterben aus

Von den Neandertalern kennen wir keine Überreste, die jünger als 27 000 Jahre sind. Aus späteren Zeiten wurden nur Überreste des **Jetztmenschen**** gefunden. Er kam aus Afrika und war vor etwa 40 000 Jahren nach Europa eingewandert. Sein Körperbau und seine Schädelform stimmen mit unseren weitgehend überein. Er wurde älter als der Neandertaler, war fruchtbarer, ihm technisch überlegen und intelligenter. Diesem Jetztmenschen gelang es, sich über die Erde auszubreiten. Mit dem Neandertaler hat er einige Jahrtausende nebeneinander gelebt, sich jedoch wahrscheinlich nicht mit ihm vermischt.

*** Der lateinische Fachname lautet: homo sapiens sapiens (dt. der einsichtige, verständige Mensch).*

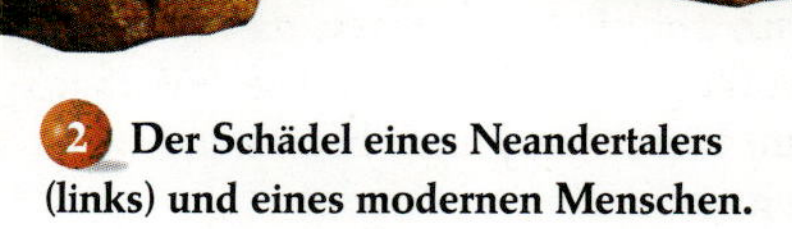

2 **Der Schädel eines Neandertalers (links) und eines modernen Menschen.**

Internettipp → *Mehr über die Entwicklung des Menschen könnt ihr unter www.neanderthal.de finden.*

1. *Stelle dir vor, du könntest den Neandertaler (Abb. 1) in seiner Umwelt lebendig werden lassen. Erzähle, was du erlebt hättest, wenn du ihn einen Tag begleitet hättest.*
2. *Löst ein Problem, ohne dabei zu sprechen und zu schreiben. Berichtet über eure Erfahrungen.*

Erste moderne Menschen in Europa 40 000
100 000
150 000 Auftauchen des Jetztmenschen in Südostafrika
Ausbreitung nach Sibirien
25 000
70 000 Früheste moderne Menschen werden in Südchina heimisch
50 000 Ankunft des Menschen in Australien
15 000 Der Mensch erreicht Amerika
Erste Menschen in der Arktis 4 500
12 000 Erste Kulturen Nordamerikas

4 Der Jetztmensch breitet sich aus.
Die Zahlen in der Karte geben an, vor wie viel Jahren der Jetztmensch in die Gebiete einwanderte.

Leben wie in Sibirien
Die Jetztmenschen behaupteten sich in einer eiszeitlichen Umwelt. Damals hatten wir in Mitteleuropa wohl ein Klima und eine Pflanzen- und Tierwelt wie noch heute in Sibirien: Nur in den geschützten Tälern wuchsen Kiefern, sonst bestimmten Birken und verkrüppeltes Buschwerk die Landschaft. Mammuts und Wollnashörner, vor allem aber Elch-, Rentier- und Wildpferdherden durchstreiften das Land. Neben den Schneehasen und Schneehühnern waren diese Tiere die bevorzugte Beute der Menschen, die ihnen von Löwen, Wölfen, Bären und Hyänen streitig gemacht wurde. Fische bereicherten die Speisekarte.

Jagen und sammeln
Um unter solchen Bedingungen überleben zu können, mussten die Menschen ausgezeichnete Jäger sein. Die Jetztmenschen entwickelten neue Techniken: Sie schufen die ersten Speerschleudern, Harpunen und Angelhaken und begannen vor etwa 12 000 Jahren auch mit Pfeil und Bogen zu jagen. Die größten Erfolge erzielten sie, wenn es ihnen gelang, ganze Herden in Engpässe zu treiben.
Neben dem Jagen und Fischen blieb das Sammeln von Beeren, Wurzeln, Pilzen und Eiern wichtig für die Ernährung.

Wohnen, arbeiten und kleiden
Die Menschen der Eiszeit waren Nomaden: Sie zogen ein Leben lang der Nahrung hinterher. Im Sommer lebten sie vor allem in zeltartigen Behausungen, die sie an Seen, Flüssen und in Tälern aufschlugen. Im Winter suchten sie Schutz in Höhlen oder unter überhängenden Felsen.
Vor und in den Höhlen und Zelten wurde gearbeitet. Hier fanden Forscher Knochen- und Geweihreste der erbeuteten Tiere sowie Abschläge und Klingen aus Stein. Es wurden auch Aschenreste untersucht. Sie bestehen zu großen Teilen aus verkohlten Tierknochen. Damals mussten die Menschen auch Knochen als Heizmaterial verwenden, da nicht genug Bäume vorhanden waren.
Wie sich die Menschen während der Eiszeit kleideten, wissen wir nicht genau. Vermutlich bildete Leder die Grundlage. Die Bekleidung bestand wahrscheinlich aus geschlossenen Oberteilen, Hosen, Kapuzen und festen Schuhen. Beweise für genähte Kleidung sind Nähnadeln aus Knochen. Aus Grabfunden geht hervor, dass die Kleidung verziert war: Es gab Anhänger aus Elfenbein, Tierzähnen und -knochen. Sie waren wohl auf das Leder genäht.

5 Durchlochter Zahn eines Bären.
Länge: 6 cm; Alter: etwa 15 000 Jahre; Fundort: Kesslerloch bei Thayngen (Kanton Schaffhausen).
Teil einer Halskette. Warum hat man den Zahn wohl getragen?

3 Harpunenspitze.
Material: Knochen; Länge: 15 cm; Alter: etwa 12 000 Jahre; Fundort: Kesslerloch bei Thayngen (Kanton Schaffhausen).

M 1 Wie die Eiszeitjäger wohnten.
Nachbau eines Zeltes, das vor etwa 15 000 Jahren in Gönnersdorf am Rhein zwischen Bonn und Koblenz stand.

M 4 Vogeljagd am Rhein vor 12 000 Jahren.
Landschaftsrekonstruktion von Dietrich Evers, 1978. Auf und am Wasser lebten Schwan, Gans und Ente. Der Jäger benutzt für die Vogeljagd eine Speerschleuder.

M 2 Was ein Forscher herausfand
Über einen Fund in Gönnersdorf (Kreis Neuwied) schreibt der Forscher Gerhard Bosinski:

Die größeren Bauten (Durchmesser 6-8 m) hatten senkrecht aufgehende Wände und ein von einem Mittelpfosten getragenes kegelförmiges Dach. Die Abdeckung von Wand und Dach bestand wahrscheinlich aus Pferdefellen, im Inneren war eine Feuerstelle. In einer Behausung von Gönnersdorf lag neben der Feuerstelle ein Mammut-Oberschenkel, der ursprünglich aufrecht gestanden hatte und die Stütze einer Grillvorrichtung war. Dicht neben der Feuerstelle war ein Rengeweih so eingegraben, dass die Zacken der Schaufel eine Gabel über dem Feuer bildeten. Zur Beleuchtung dienten Steinlampen, in deren Höhlung sich Fett und ein Docht befanden. Der Docht bestand vermutlich aus einem Wacholderzweig. Platten aus Quarzitstein sind erhitzt worden; vielleicht um darauf Fleisch zu braten.
Im Innenraum der Häuser hat man mehrere kleine Gruben ausfindig gemacht, die vermutlich mit Leder ausgekleidet waren und als Kochgruben dienten, in denen Flüssigkeit durch erhitzte Quarzgerölle* zum Sieden gebracht werden konnte.

http://ss1000eo.fh-koblenz.de/koblenz/remstecken/rhine98/Rheinlan.../naturlandschaft.ht vom 5.5.99 (vereinfacht)

***Quarzgerölle**: *Kieselsteine*

M 3 Wie ein Rentier genutzt wurde.

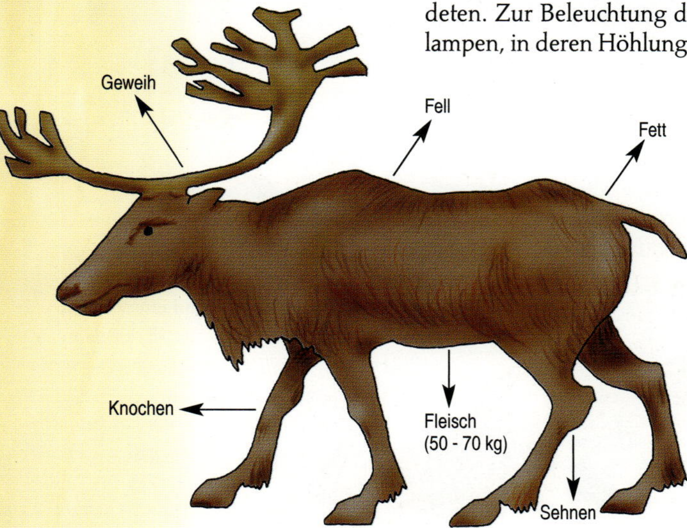

1. *Beschreibe, wie die Eiszeitmenschen wohnten und wovon sie sich ernährten (siehe Lehrbuchtext und M 1 bis M 4).*
2. *Erstelle eine Tabelle, in die du den Verwendungszweck von Geweih, Fell, Fett, Knochen, Fleisch und Sehnen einträgst. Berücksichtige dabei den Lehrbuchtext sowie M 1 und M 2.*

Kunst und Zauberei

2 Höhlenbild.
Foto, um 1995.
Höhlenmalerei in der 1994 entdeckten Grotte Chauvet in Frankreich. Das Alter der Bilder wird auf über 30 000 Jahre geschätzt. Heute sind mehr als 300 Höhlen mit Bildern bekannt, die meisten befinden sich in Südfrankreich und Nordspanien. Für die Höhlenbilder wurde Ocker (gelb), Rötel (rot), Mangan, Kohle (schwarz) und Kalzit oder Kaolin (weiß) verwendet, die in fester oder in zerriebener Form als Pulver aufgetragen wurden. Die meisten Malereien befinden sich tief in den Höhlen, wo niemals Tageslicht einfiel. Nenne mögliche Gründe dafür.

Geritzt, gemalt und geformt
Erst die Jetztmenschen entwickelten offensichtlich das Bedürfnis und die Fähigkeit, Dinge und Gedanken auch darzustellen. Sie malten und ritzten vor etwa 35 000 Jahren die ersten Tiere und Menschen auf Höhlenwände, schnitzten Figuren aus Knochen und Elfenbein, schufen sie aus Stein oder formten sie aus Lehm. Diese **Höhlenmalereien** und Figuren gelten als die ersten Kunstwerke.

Viele Rätsel
Was mag die Menschen damals dazu veranlasst haben, sie herzustellen? Möglicherweise wollte man mit ihnen die Zukunft beeinflussen, das Jagdglück beschwören oder bestimmte Ereignisse festhalten. Viele Interpretationen lassen die Mischwesen mit menschlichen und tierischen Merkmalen zu. Stellen sie Gottheiten dar oder Zauberer (*Schamanen*)?
Rätsel geben auch zahlreiche Frauenfiguren auf. Diese Kunstwerke aus Kalkstein, Elfenbein oder gebranntem Ton heben die weiblichen Körperteile stark hervor. Verehrte man mit ihnen die gebärfähige Frau oder die gesamte fruchtbare Natur? Eine eindeutige Antwort auf diese Fragen gibt es nicht.

Internettipp → *Über die berühmte Höhle von Lascaux in Südfrankreich findest du Informationen unter www.culture.fr./culture/arcnat/lascaux/de*

1 Wildpferd.
Figur aus der Vogelherdhöhle (Schwäbische Alb). Material: Mammutelfenbein; Alter: zwischen 35 000 und 30 000 Jahre; Länge: 4,8 cm; Höhe: 2,5 cm.

3 „Venus von Willendorf".
Material: Kalkstein; Alter: zwischen 28 000 und 22 000 Jahre; Höhe: 10,5 cm; Fundort: Willendorf in der Wachau (Österreich).

M 1 „Tiertänzer".
Höhlenmalerei aus Frankreich.
Die Figur rechts zeigt einen verkleideten Jäger, der ein Instrument spielt. Deute die Haltung seiner Beine.

M 2 „Gott mit Geweih" aus Frankreich.
Rekonstruktionszeichnung von Abbé Breuil. Die gemalte und gravierte Gestalt ist etwa 75 cm groß und vereinigt in sich Merkmale von Bär, Pferd, Vogel und ...?

M 3 Religion und Medizinmann
Im Anhang seines Jugendbuches „Im Tal der schwarzen Wölfe", das vom Leben eines Steinzeitjägers handelt, erklärt Werner Schlichtenberger den Begriff Magie:

Die Religionsformen der Steinzeit haben mit Sicherheit noch nicht die Stufe eines eigentlichen Gottesglaubens erreicht, wohl aber die der magischen Beschwörung übersinnlicher Mächte. [...] Es darf eine Art von Animalismus angenommen werden, eine Religionsform, die Tiergeistern bestimmte Mächte zuschrieb [...]. Da der allgemein harte Lebenskampf meist die materiellen Notwendigkeiten – Nahrungsbeschaffung, Kleidung, Unterkunft – in den Vordergrund drängte, ist es [...] wahrscheinlich, dass ein einzelner Mensch mit besonderen Fähigkeiten im Stamm die Aufgabe hatte, mit den Geistern in Kontakt zu bleiben. Er musste sie dann in wichtigen Angelegenheiten „befragen", war also ein Schamane oder Medizinmann mit besonderen Machtbefugnissen und einem speziellen „Wappentier" oder Totem* [...]. Dies ist deshalb wahrscheinlich, weil in den Höhlenmalereien öfters Menschen als Tiere verkleidet auftauchen.

Werner Schlichtenberger, Im Tal der schwarzen Wölfe, Zürich und München 1989, S. 186 f.

* **Totem:** *Wesen oder Ding (Tier, Pflanze, Naturerscheinung), das als zauberischer Helfer verehrt wird.*

M 4 „Löwenmensch".
Figur aus einer Höhle im Lonetal bei Ulm.
Material: Mammutelfenbein; Größe: 28 cm; Alter: ca. 32 000 Jahre.

M 5 Flöte aus einer französischen Grotte.
Material: Vogelknochen; Alter: 10 000 bis 15 000 Jahre.

1. *Worauf führt es Werner Schlichtenberger zurück, dass die Steinzeitmenschen eine Religion entwickelten (M 3)?*
2. *Nenne die Aufgaben der Medizinmänner (M 3).*
3. *Überlegt, welche Informationen (Quellenarten) wir benötigen würden, um die Rätsel der steinzeitlichen Kunst lösen zu können.*

PROJEKT

Steinzeit heute?

Noch heute leben in einigen entlegenen Gebieten der Erde Menschen scheinbar unbeeinflusst von der modernen Welt. Sie laufen fast unbekleidet herum, schlafen in Hütten, jagen mit Pfeil, Bogen oder Speer, sammeln Nahrungsmittel im Wald, benutzen Geräte aus Stein, Holz oder Knochen und entfachen Feuer durch Quirlen von Holz auf Holz. Leben diese Menschen noch in der „Steinzeit"?

Nein. Auch diese „Naturvölker" mussten sich immer wieder Herausforderungen stellen, ihr Umfeld neu gestalten und ihr überliefertes Wissen erweitern. Aber sie haben diese Veränderungen nicht aufgeschrieben. Bis heute halten sie an Werkzeugen aus Stein oder Pfeil und Bogen fest. Sie können nach wie vor in ihrer Umgebung überleben und brauchen keine neue Technik. Ihre Lebensweise passte sich der sich wandelnden Umwelt an, die sie in der Regel planvoll nutzen und pfleglich behandeln – im Gegensatz zu den Menschen der Industriegesellschaft, die die Natur lange Zeit nur ausgebeutet haben.

Heute sind viele „Naturvölker" bedroht. Ihre Lebensräume werden durch den Abbau von Bodenschätzen, den Straßenbau, die Anlage von Staudämmen, Flugplätzen und vieles andere mehr tief greifend verändert oder zerstört. Der Kontakt zu den Industriegesellschaften bedroht nicht nur ihren Lebensraum, sondern auch ihr geistiges, religiöses und künstlerisches Leben, kurz: ihre **Kultur**.

Eine Pygmäenfamilie.

Inuit („Eskimo") beim Bau eines Iglu.

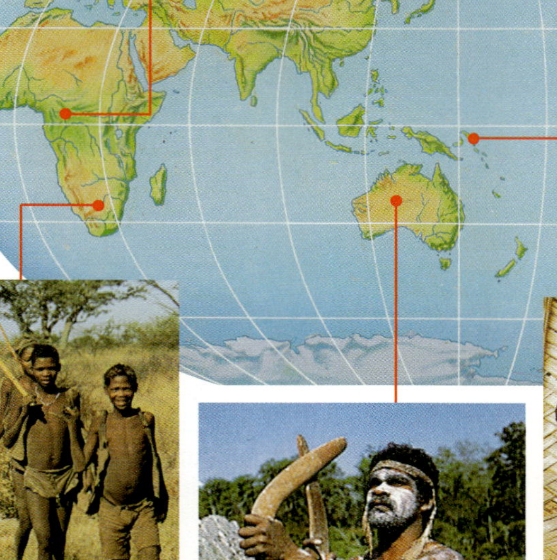

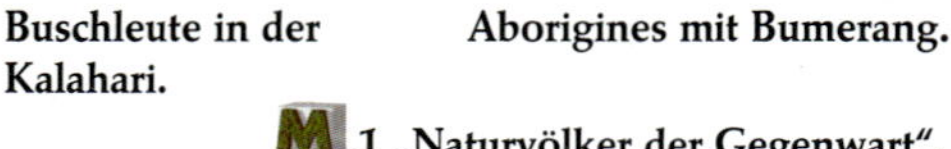
Buschleute in der Kalahari.

Aborigines mit Bumerang.

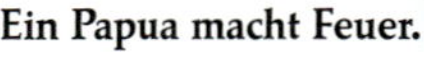
Ein Papua macht Feuer.

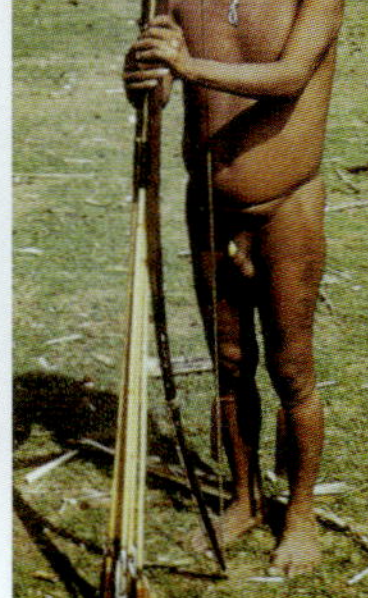
Yanomami mit Pfeil und Bogen.

M 1 „Naturvölker der Gegenwart".
Eine Auswahl.

1. *Wähle ein in M 1 genanntes Volk aus und stelle fest, in welchem Land es lebt. Suche das Land in einem Atlas und informiere dich über die Lebensbedingungen. Überlege, warum die Menschen dort ihre Lebensweise beibehalten konnten.*
2. *Würde es dich reizen, einmal ein paar Tage in einem „Naturvolk" zu leben? Was glaubst du, von den Menschen lernen zu können? Was würdest du ihnen beibringen wollen?*
3. *Sucht Informationen über Ernährung, Wohnweise, Glaubensvorstellungen und den Umgang mit der Natur einzelner Naturvölker.*
4. *Informiert euch bei der „Gesellschaft für bedrohte Völker" (Postfach 2024, 37010 Göttingen [www.gfbv.de]) an einem Beispiel über die Gefahren, denen ein „Naturvolk" ausgesetzt ist.*

LERNTIPP

1 **Steinallee von Carnac in Frankreich.**
Foto, um 1993.
Diese „Allee" entstand vor etwa 5 000 Jahren. In Carnac gibt es fast 2 800 unbehauene, senkrecht aufgestellte Steinsäulen (Menhire).

2 **Wie die großen Steine aufgerichtet wurden.**
Rekonstruktionszeichnung.
Experimente haben gezeigt, dass etwa 170 Menschen nötig sind, um einen 30 Tonnen schweren Block mit Seilen über hölzerne Rollen zu ziehen.

Das Leben wandelt sich

„Hinkelsteine" und andere Rätsel

Die großen Steingruppen in Norddeutschland sowie die in Kreisen oder Alleen aufgestellten Steine in Frankreich und England faszinieren die Menschen bis heute. Über viele Jahrhunderte wurde geglaubt, dass Riesen (Hünen) oder Teufel sie errichtet hätten. Namen wie „Hünengräber", „Riesenbetten" oder „Teufelssteine" spiegeln diese Vorstellung. Heute wissen wir, dass unsere Vorfahren diese **Megalithbauten** (gr. *megas*: groß; *lithos*: Stein) errichtet haben. Die ältesten entstanden im **Neolithikum**, der Jungsteinzeit, also vor mehr als 6 000 Jahren. Warum solche Anlagen gebaut wurden, blieb bis heute unklar. Sicher ist, dass sie als Gräber, Heiligtümer und Opferstätten dienten.

Zeugen der Veränderungen

Die Megalithbauten zeugen von einem bedeutenden Wandel im Zusammenleben der Menschen. Sie zeigen, dass zum Teil hunderte Menschen über längere Zeit Hand in Hand gearbeitet haben, um Steine zu heben, zu brechen, zu transportieren, aufzurichten oder aufeinander zu türmen. Das war nur möglich, weil sie Teil einer Gemeinschaft waren, die während der Bauarbeiten für ihren Lebensunterhalt sorgte. Deshalb sind die Bauwerke Zeugnisse dafür, dass eine größere Gruppe von Menschen längere Zeit an einem Ort gelebt hat.

3 **Großsteingrab in Heiden (Kreis Borken in Nordrhein-Westfalen).**
Foto, um 1980.
Das Grab ist etwa 6 000 Jahre alt und war ursprünglich von einem Erdhügel bedeckt.

4 Leben vor etwa 7000 Jahren im Rheinland.
Rekonstruktionsgemälde von Fritz Wendler auf der Grundlage von Ausgrabungen der neolithischen Siedlung in Köln-Lindenthal.
Was erfährst du über
- *Ernährung und Kleidung,*
- *Baumaterial der Häuser,*
- *Schutzbedürfnis der Bewohner und*
- *Arbeitsteilung zwischen Männern und Frauen?*

Von Wildbeutern zu Bauern
Mehrere hunderttausend Jahre hatten die Menschen ihre Lebensweise als Jäger und Sammler kaum verändert. Was aber veranlasste unsere Vorfahren, nicht mehr umherzuziehen? Warum wurden sie sesshaft, rodeten Wälder, bauten Getreide an und züchteten Vieh? Einfach war die neue Lebensweise nämlich nicht. Durch Vergleiche mit noch heute lebenden Sammler- und Jägervölkern wissen wir, dass diesen meist wenige Stunden pro Tag genügen, um sich ausreichend Nahrung zu beschaffen.
Eine Rolle bei dieser tief greifenden Umwälzung dürfte das Klima gespielt haben. Nach dem Ende der letzten Eiszeit war es bei uns so warm wie heute. Große Wälder bedeckten die vom Eis befreite Erde. In ihnen lebten Rehe, Hirsche und Bären. Da diese Wälder nur schwer zu durchwandern waren, ließen sich immer mehr Menschen dauerhaft an Fluss- und Seeufern nieder.
Die Bevölkerung wuchs. Es wurde schwieriger, Lebensmittel für alle zu beschaffen. Die Jäger und Sammler benötigten etwa einen Quadratkilometer Land, um einen Menschen satt zu machen, durch Ackerbau und Viehzucht jedoch konnten auf derselben Grundfläche etwa 20 Personen ernährt werden.

Entwicklungshilfe aus dem Orient
Wie verlief der Wandel vom Jäger- und Sammlerleben zum sesshaften Bauerndasein?
Wir wissen aus archäologischen Funden, dass die ersten Bauern und Viehzüchter vor etwa 8000 Jahren aus dem so genannten „Fruchtbaren Halbmond" im Vorderen Orient nach Griechenland zogen.* Kurze Zeit später drangen sie auf der Suche nach fruchtbaren Böden von Südosteuropa entlang den großen Flüssen ins übrige Europa vor. Die ersten Ackerbauern, Viehzüchter und Töpfer sind in Mitteleuropa vor 7500 Jahren nachweisbar. Nicht alle Bauern waren Zuwanderer. Wir können davon ausgehen, dass die einheimischen Wildbeuter die neuen Lebens- und Arbeitsformen übernahmen.
Lange Zeit haben Wildbeuter und Ackerbauern wohl nebeneinander gelebt. Diese Nachbarschaft war sicher nicht frei von Spannungen, da die einen den Lebensraum der anderen zunehmend einengten.

* *Siehe Abb. 5, Seite 26.*

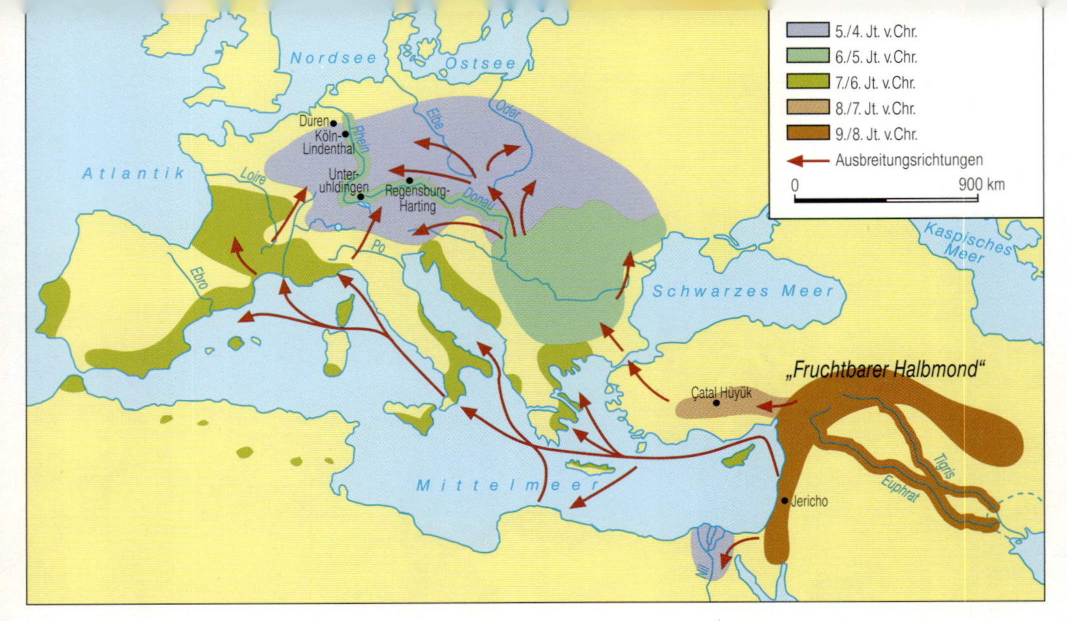

5 Die bäuerliche Wirtschaftsweise breitet sich aus.
Ein Beispiel für die Arbeit mit Karten findest du auf Seite 72.

Ackerbau und Viehzucht

Zahlreiche Neuerungen der Jungsteinzeit wurden im Vorderen Orient entwickelt. Dort hatte man vor 12 000 Jahren erkannt, dass die Körner von Getreide auskeimen, wenn sie in Erdgruben gelagert werden. Diese Beobachtung mag die Menschen zur Aussaat von Getreide veranlasst haben.
Auch die ersten Viehherden und die Zucht von Haustieren lassen sich in dieser Gegend nachweisen. Wahrscheinlich waren sie das langfristige Ergebnis von Jagden, bei denen Jungtiere eingefangen worden waren. Die jagenden Menschen haben vermutlich erkannt, dass sich vor allem Ziegen, Schafe, Schweine und Rinder rasch an sie gewöhnten. Einige Tiere erwiesen sich nicht nur als „lebende Fleischreserven“, sondern auch als dauerhafte Woll- und Milchlieferanten. Aus Jägern wurden Hirten, die mit ihren Herden herumzogen, oder sesshafte Bauern, die Tiere hielten.

6 Tongefäß.
Alter: etwa 7 500 Jahre;
Höhe: 16,2 cm; Randdurchmesser: 13 cm;
Fundort: Frankfurt a. M. - Praunheim.

Neue Werkzeuge und Geräte

Mit Ackerbau und Viehzucht entstanden viele neue Werkzeuge und Geräte: Für den Feldbau wurden Holzspaten und -pflug entwickelt. Sicheln mit scharfen Feuersteinklingen erleichterten die Ernte. Hacke und Beil mit geschliffenen Steinen halfen bei der Holzbearbeitung. Das Korn und andere Vorräte lagerte man nicht mehr in Gruben, sondern in auf Töpferscheiben geformten Gefäßen aus gebranntem Ton (*Keramik*). Aus Schafwolle oder Flachsfasern wurden Fäden gesponnen und mit einfachen Webstühlen Stoffe gewebt.

Rad und Wagen

Mit der Erfindung des Rades und rollender Wagen vor etwa 5 500 Jahren beschleunigte sich der Austausch von Waren und Kenntnissen. In Norddeutschland fanden Archäologen in Moorgebieten lange Holzbohlenwege, die vor fast 7 000 Jahren angelegt worden waren.*

**Zum Thema „Rad und Wagen“ siehe auch Seite 30.*

Selbstversorger

Um den Lebensunterhalt zu sichern, wurde in einer Gruppe vermutlich alles, was man brauchte, selbst hergestellt. Jeder Haushalt produzierte seine Töpferwaren, seine Werkzeuge und seine Stoffe selbst. Überschüssige Nahrungsmittel oder Fertigwaren tauschte man vielleicht bei den Nachbarn, in der nächsten Siedlung oder bei Händlern gegen andere Dinge ein. Seltene oder sehr begehrte Rohstoffe, etwa Feuerstein für Werkzeuge oder Muscheln für Schmuck, wurden so über weite Entfernungen gehandelt.
Im Vorderen Orient begannen die Menschen, sich in großen Siedlungen niederzulassen. Zu den ältesten stadtähnlichen Anlagen gehören das vor etwa 9 000 Jahren errichtete Jericho im Westjordanland und die Siedlung Çatal Hüyük in Anatolien.*

Die erste Revolution in der Geschichte

Der im Vergleich zur gesamten Steinzeit rasche und folgenreiche Übergang von der aneignenden zur produzierenden Wirtschaftsweise wurde von Historikern als neolithische Revolution bezeichnet, d.h. als eine grundlegende Veränderung der bisherigen Lebensweise.

**Siehe M 6, Seite 28.*

1. *Liste die Neuerungen der neolithischen Revolution auf mit den Vorteilen, die sie den Menschen bringen.*
2. *Welcher Vorgang wird auf der Karte dargestellt (Abb. 5)? Durch welche Mittel gelingt es dem Zeichner, einen genauen Verlauf anzuzeigen?*
3. *Stellt euch vor, eure Klasse soll an einem Experiment teilnehmen und ein Jahr lang wie die Menschen in früheren Zeiten leben. Ihr habt die Wahl, entweder Jäger und Sammler oder aber Bauern der Jungsteinzeit zu sein. Wofür entscheidet ihr euch?*

M 1 Weizen zum Vergleich.
Von links nach rechts: wilder Weizen – gezüchteter Weizen aus der jüngeren Steinzeit – moderner Weizen.

M 5 Backofen, etwa 4500 Jahre alt.
Rekonstruktionszeichnung nach einem Fund aus dem Moordorf Taubried (Federseemoor).

M 2 Reib- und Mahlstein.
Dieser Fund stammt aus dem Irak und ist zwischen 9000 und 6000 Jahre alt.

M 3 Haubenfladen aus der jüngeren Steinzeit.
Nachbildung aus dem Museum der Brotkultur, Ulm.
So könnte das Brotbacken vor 7000 Jahren abgelaufen sein: Zuerst wurde das Korn aus Emmer (eine Weizenart), Einkorn oder Zwergweizen zu Mehl geschrotet, also zerquetscht. Danach vermengte man es mit Wasser, Sauerteig (einer Art Hefe) und Salz zu einem Teig, der zu einem Fladen geformt und auf einen Backteller gelegt wurde.

M 4 Die Erfindung des Brotes
Der Historiker Lewis Mumford schreibt:

Der Getreideanbau war von einer ebenso radikalen Neuerung in der Zubereitung von Nahrung begleitet: der Erfindung des Brotes. […]
5 Das tägliche Brot brachte eine Sicherheit in der Nahrungsversorgung, wie sie nie zuvor möglich gewesen war. Trotz Ertragsschwankungen infolge von Überschwemmungen oder Dürre
10 sicherte der Getreideanbau dem Menschen die tägliche Nahrung, sofern er ständig und fortlaufend arbeitete, während er des Wildes und des Jagdglücks nie sicher sein konnte. Mit Brot
15 und Öl, Brot und Butter oder Brot und Speck hatte die neolithische Kultur die Basis einer ausgewogenen, kalorienreichen Ernährung, die nur frischer Gartenprodukte bedurfte, um völlig adä-
20 quat* zu sein.

Lewis Mumford, Mythos der Maschine. Kultur, Technik und Macht, übers. von Liesl Nürenberger und Arpad Hälbig, Wien 1974, S. 166

* **adäquat**: *angemessen*

Internettipp → *www.brotmuseum-ulm.de*

Exkursionstipp → *Europäisches Brotmuseum in Ebergötzen bei Göttingen*

1. *Vergleiche die Ähren und erläutere die Veränderungen (M 1).*
2. *Beschreibe die Arbeiten von der Aussaat an, die eine jungsteinzeitliche Familie durchführen musste, bis sie Brot essen konnte (M 2, M 3 und M 5).*
3. *Besorgt euch Getreidekörner und Steine. Mahlt die Körner wie vor 7000 Jahren und berichtet von den Erfahrungen.*
4. *Nenne die besonderen Vorteile des Brotes für die Ernährung (M 4).*

M 6 Çatal Hüyük in Anatolien (Türkei). *Computersimulation eines Teiles der Siedlung von Burkhard Detzler, um 1996.*
Diese jungsteinzeitliche Ansiedlung entstand vor etwa 9 000 Jahren und gilt als eine der ältesten Städte. Die Zahl der Bewohner wird auf bis zu 10 000 geschätzt. Die Häuser wurden aus luftgetrockneten Lehmziegeln errichtet, die Wände und das Dach mit Lehm verputzt. Der Grundriss dieser Häuser beträgt durchschnittlich 6 x 4,5 m, die Höhe 3 m. Im Gegensatz zu den später entstandenen Städten gab es in Çatal Hüyük keine großen öffentlichen Bauten wie Tempel. Die Siedlung hatte keine Straßen und große Plätze, der „Verkehr" lief über die flachen Dächer der einstöckigen Häuser.

M 7 Siedlung in Regensburg-Harting. *Modell eines Wohnplatzes (Ausschnitt).*
In Mitteleuropa wurden vor etwa 8 000 Jahren erstmals Häuser errichtet. Sie waren zwischen 25 und 35 m lang, 6 bis 8 m breit und vermutlich 5 m hoch. Die Wände dieser Langhäuser bestanden aus lehmverputztem Flechtwerk. Ein Dorf hatte in der Regel 4 bis 6 Häuser.

M 8 Nachgebautes Pfahlbaudorf in Unteruhldingen am Bodensee. *Foto von 1996.*
Der Grundriss der Häuser betrug ohne Vorplatz etwa 4 x 6 m. Sie standen zum Schutz vor Hochwasser auf den langen Holzpfählen am Ufer und nicht, wie lange Zeit angenommen, mitten im Wasser. Neben diesem Häusertyp gibt es Pfahlbauten, deren Fußboden direkt auf dem Grund auflag. Am Bodensee sind zwischen 4 000 und 850 v. Chr. nur Pfahlbauten nachgewiesen.

Internettipp → *www.pfahlbauten.de*

1. *Welche unterschiedlichen Baumaterialien wurden verwendet (M 6 bis M 8)?*
2. *Wie haben sich die Wohnverhältnisse seit der Eiszeit verändert? Vergleiche M 6 und M 7 mit M 1, Seite 20.*

M 9 Wie ein Holzfäller vor etwa 7 000 Jahren arbeitete.

M 10 Steinbeile.
Nachbildungen.

M 11 Experiment mit dem Steinbeil

Der Archäologe John Coles berichtet:

In Dänemark wurde 1954 der Versuch unternommen, einen Eichenwald von 2 000 Quadratmetern zu roden. Dabei benutzte man Feuersteinäxte, die wie urgeschichtliche Äxte geschäftet waren. Die Bäume wurden in Kniehöhe gefällt. Eichen mit einem größeren Durchmesser als 35 cm ließ man stehen. Bei ihnen schlug man einen kreisrunden Ring in die Rinde und ließ sie absterben. Jeder Baum fiel in weniger als 30 Minuten. Ein kleines Gebiet von 500 Quadratmetern rodeten drei Männer innerhalb von vier Stunden.

Nach: Klaus Lampe, Ur- und Frühgeschichte, Köln 1995, S. 89

M 12 Vom Auerochsen zum Stier.
Zeichnungen von Gerald Tosello.
Von links nach rechts: wilder Auerochse, jungsteinzeitliches Hausrind, heutiger Stier.

1,80 m
1,50 m
1,30 m

M 13 Eingriffe in die Umwelt

Der Wissenschaftler Carleton S. Coon schreibt:

Im Neolithikum erschloss der Mensch sich nicht nur neue Nahrungsquellen […]. Vielmehr begann er […], mit den Kräften der Natur sein Spiel zu treiben. Als Erstes fällte er jahrtausendealte Wälder oder brannte sie nieder. An ihre Stelle traten Buschwuchs oder Felder, und in regenarmen Gegenden setzte er damit jene große Bodenerosion* in Gang, die riesige Gebiete der Erdoberfläche unfruchtbar machen sollte. Ferner gab er bestimmten Pflanzen- und Tierarten den Vorzug vor anderen, wodurch sie von seiner Pflege abhängig wurden und die für ein Leben in der Wildnis erforderliche Fortpflanzungskraft und Überlebensfähigkeit einbüßten. So störte er damals wie heute, indem er die natürliche Selektion** durchkreuzte, das Gleichgewicht der Natur. Äpfel, Granatäpfel, Birnen und Feigen sind inzwischen zwanzigmal größer als ihre wilden Urformen. Die Ähren des Getreides und die Schoten der Hülsenfrüchte vermögen sich nicht mehr im Reifezustand zu öffnen und sind daher, ebenso wie viele der Haustiere, für ihren Fortbestand auf die Hilfe des Menschen angewiesen.

Carleton S. Coon, Die Geschichte des Menschen, übers. von Modeste zur Nedden-Pferdekamp, Köln 1970, S. 144 f.

* **Bodenerosion:** *Erdabtragung durch Wasser, Eis oder Wind*
** **Selektion:** *Aussonderung, Auswahl*

Wozu benötigten die Menschen in der Jungsteinzeit den Wald? Die Abbildungen auf den Seiten 25 bis 28 und der Lehrbuchtext geben euch Anhaltspunkte.

PROJEKT

Mit Rad und Wagen auf dem Holzweg

M 1 Moorwege.
Oben ist eine Aufnahme des Pfahlwegs zwischen Lohne und Diepholz zu sehen, er entstand um 2600 v. Chr. Das untere Foto zeigt einen um 4680 v. Chr. angelegten Moorweg aus dem Landkreis Vechta.

Meisterhaft und doch nicht genial

Während der Jungsteinzeit war es für die Menschen schwierig, Bauholz für die Häuser oder Material für die Großsteingräber und andere Gegenstände von einem Ort zum anderen zu transportieren. Sie lösten das Problem meisterhaft – und erfanden Rad und Wagen.

Die Wagen ließen sich allerdings nur mühsam lenken, gingen leicht kaputt und waren vermutlich schwer zu reparieren. Wir wissen das, weil Archäologen an den Moorwegen Achsen und Räder gefunden haben, die wahrscheinlich nach Unfällen liegen blieben.

Die Wissenschaftler stellten auch fest, dass die in Nordwestdeutschland gefundenen Wagenteile genauso alt sind wie die Wagen aus dem Vorderen Orient. Ihre Untersuchungen belegen, dass Rad und Wagen an mehreren Orten der Welt gleichzeitig erfunden wurden.

Wege und Straßen übers Moor

Rad und Wagen brauchen befahrbare Wege. Unser Vorfahren legten schon kilometerlange Bohlenwege an, um die durch die Moore voneinander getrennten Siedlungen miteinander zu verbinden.

Für den Bau der bis zu 4 m breiten Wege mussten 10 bis 15 cm dicke Kiefern mit Steinbeilen gefällt und entastet werden. Die bearbeiteten Holzstöcke legten sie quer zur Wegrichtung dicht nebeneinander auf einen Unterbau. Wegen des schwankenden Moorbodens wurden die Bohlen an beiden Wegrändern noch mit Pfählen verbunden, die zuvor in den Boden gerammt worden waren. So entstanden erstaunlich stabile Wege.

Woher weiß man das Alter?

Alle Materialien, die von organischen Stoffen wie Holz und Knochen stammen, enthalten winzige Teilchen *Kohlenstoff*, die im Laufe der Jahrhunderte langsam zerfallen. Wie viele von ihnen noch in dem gefundenen Überrest vorhanden sind, kann gemessen und damit das Alter des Materials bestimmt werden.

M 2 Wagen mit Scheibenrädern aus der Jungsteinzeit.
Im Landesmuseum für Natur und Mensch in Oldenburg befindet sich ein Nachbau des abgebildeten Wagens. Seine Räder haben einen Durchmesser von 90 cm, die Spurbreite (von Radmitte zu Radmitte) beträgt 1,46 m, die Länge der Deichsel misst 2,44 m und der Wagenkasten ist 1,40 m lang und 1,13 m breit.

M 3 Prunkwagen aus Syrien.
Das Modell ist 21,8 cm lang und 6,2 cm hoch. Es besteht aus Kupfer und wird in das ausgehende 3. Jahrtausend v. Chr. datiert. Zwei Räder und die Vorderachse sind ergänzt worden.

M 4 Wagenachse.
Alter: etwa 3000 v. Chr.; Material: Eiche; Länge: 1,80 m; Fundort: Moorweg zwischen Diepholz und Vechta.

1. *Der Wagen M 2 gehört in die Jungsteinzeit, das andere Modell (M 3) zählt nicht mehr dazu. Nenne den Grund.*
2. *Sucht Abbildungen von Wagen und ihrer Nutzung – egal aus welcher Zeit und welchem Land. Gestaltet aus den Bildern ein Poster, das die Bedeutung dieser Erfindung erkennen lässt.*
3. *Stell dir unser heutiges Leben ohne Rad und Wagen vor. Worauf müsstest du verzichten?*

Metalle verändern das Leben

1 Eine Leiche im Eis.
Foto vom 21. September 1991. Das Bild zeigt die Leiche nach dem ersten Bergungsversuch.

„Der Mann aus dem Eis"
Zwei Wanderer aus Nürnberg werden wohl nie vergessen, was sie am 19. September 1991 auf einer Bergtour an der Grenze zwischen Österreich und Italien erlebten. An diesem Tag entdeckten sie im Eis der Ötztaler Alpen in 3200 Meter Höhe eine sonderbare Leiche, die zu einer Sensation wurde. Experten untersuchten den Fund. Sie stellten fest, dass es sich um einen Mann handelte, der zwischen 3350 und 3100 v. Chr. gelebt hat. Das Eis hatte ihn über 5000 Jahre lang „konserviert". Erst die milden Temperaturen der 1980er-Jahre ließen den Gletscher schmelzen und legten den Mann frei, der bald allgemein „Ötzi" genannt wurde. Bei der Leiche wurden Fell- und Lederreste, Werkzeuge und Waffen gefunden. Sie brachten uns neue Erkenntnisse über Kleidung und Ausrüstung der Alpenbewohner vor 5000 Jahren. Was diesen Mann veranlasste, in so eisige Regionen hinauf zu steigen, konnte noch nicht herausgefunden werden. War er Hirte, Jäger oder Händler?
Zur Ausrüstung des „Ötzi" gehörten ein langer Bogen aus Eibenholz, Pfeilspitzen aus Feuerstein, ein Dolch mit Feuersteinklinge, Sachen zum Feuermachen und ein Beil, das besondere Aufmerksamkeit erregte. Seine Klinge besteht aus fast reinem Kupfer. Damit ist es ein frühes Zeugnis für den Übergang von der Stein- zur **Metallzeit**.

Zwischen den Zeiten
Im Vorderen Orient waren schon im frühen 7. Jahrtausend v. Chr. die ersten Gegenstände aus Kupfer und Gold hergestellt worden. Dort hatte man 2000 Jahre später in Brennöfen die ersten Metalle aus Erzgestein herausgeschmolzen. Offensichtlich wurde im Orient auch entdeckt, dass durch das Verschmelzen von Kupfer mit etwas Zinn Bronze hergestellt werden kann. Dieses Metall war wegen seiner Formbarkeit und Härte den bisher verwendeten Materialien überlegen.
Über 1000 Jahre dauerte die **Bronzezeit**, in der dieses Metall der wichtigste Werkstoff für Schmuck, Werkzeuge und Waffen war. Um 1400 v. Chr. fanden kluge Köpfe im Vorderen Orient heraus, wie Eisen gewonnen und verarbeitet werden konnte. Die Eisenzeit begann. Eisen wurde nicht mehr wie die Bronze gegossen, sondern geschmiedet, also in glühendem Zustand mit einem Hammer geformt. So hergestellte Werkzeuge und Waffen waren härter und schärfer als die aus Bronze.

2 Das Beil des „Ötzi".
Die 9,3 cm lange Klinge wurde mit Baumharz und Lederriemen am Schaft befestigt.

3 Der „Ötzi".
Rekonstruktion auf der Grundlage der gefundenen Bekleidungsreste und Ausrüstungsgegenstände.

Internettipp → *Informationen über den „Ötzi" findest du unter www.geo.de/themen/historie/oetzi*

Vom Vorderen Orient aus verbreitete sich Eisen nach Mittel- und Nordeuropa. Hier wurde seit 2200 v. Chr. Bronze hergestellt und ab etwa 800 v. Chr. Eisen verarbeitet.
Wie und wodurch die Metalle und der Umgang mit ihnen nördlich der Alpen bekannt wurden, wissen wir nicht. Wahrscheinlich trug der Handel dazu bei.

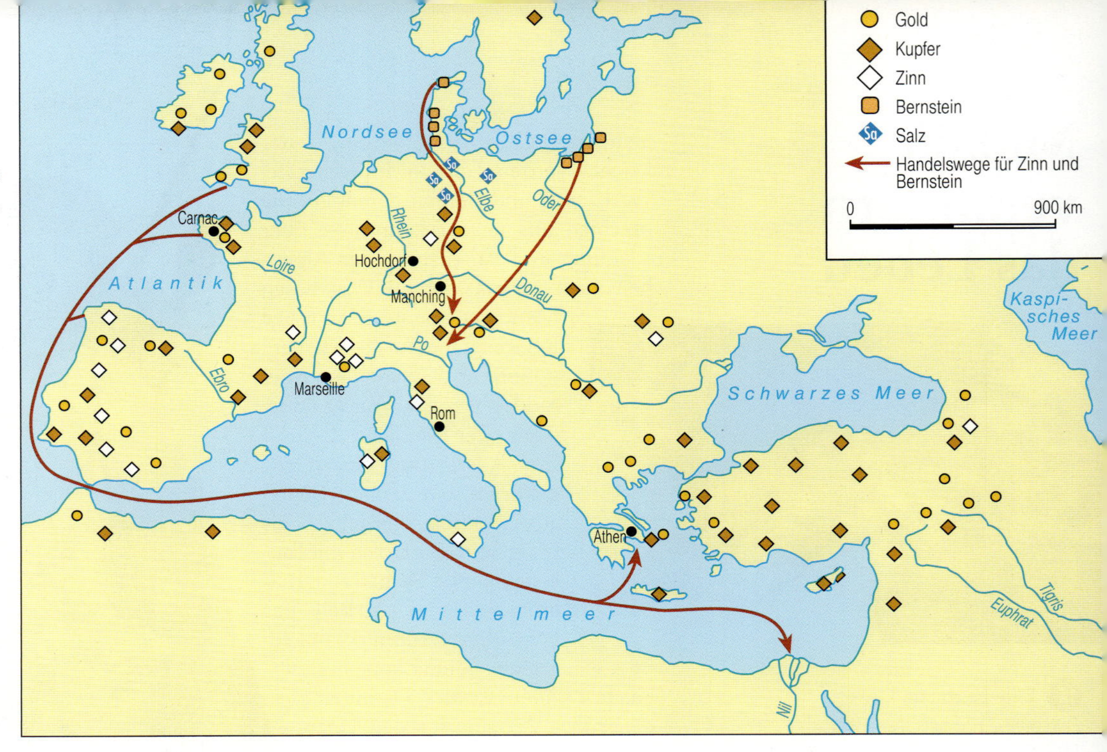

4 Rohstoffe und Handelswege in der Bronzezeit.

Wirtschaft und Handel ändern sich

Der Bedarf an Metallen hatte weit reichende Auswirkungen. Die Berufswelt spezialisierte sich. Allein um Erz zu gewinnen, aufzubereiten und zu verhütten wurden Erzsucher, Holzfäller, Zimmerleute, Bergarbeiter, Träger und Aufseher gebraucht. Forscher haben ermittelt, dass es in der Bronzezeit schon Betriebe gab, die mehr als 200 Mitarbeiter hatten. Wahrscheinlich organisierten einzelne „Unternehmer" die verschiedenen Arbeiten, und Händler lieferten die Rohstoffe für Bronze. Denn Kupfer und Zinn waren nicht am selben Ort zu finden. Die Kaufleute tauschten Metallwaren gegen Rohstoffe, Felle, Bernstein und Nahrungsmittel. Besonders kostbar war Salz. Es wurde überall gebraucht, um Fisch und Fleisch haltbar zu machen.

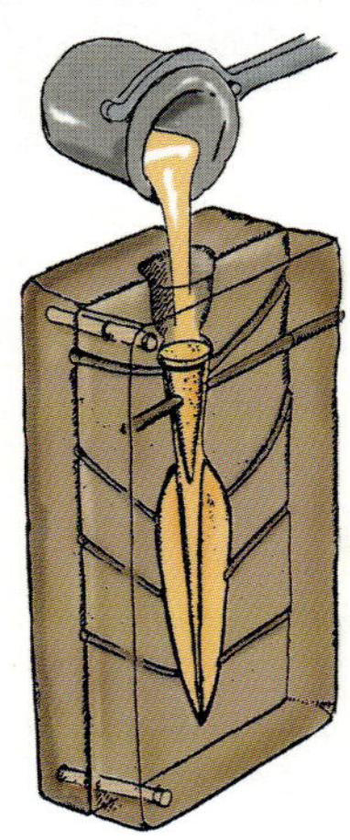

5 Eine Lanzenspitze wird gegossen.
Rekonstruktionszeichnung.
Beschreibe den Gussvorgang.
Übrigens: Zunächst musste für jeden Gussvorgang eine neue Tonform angefertigt werden. Später ging man dazu über, Gussformen aus Stein herzustellen, die wieder verwendet werden konnten.

Nur wenige sind reich und mächtig

In der Metallzeit änderte sich das Zusammenleben der Menschen. Es entstand eine kleine Führungsschicht, denn nur wenige waren in der Lage, die Arbeiten in den Bergwerken zu organisieren, die Metallgewinnung und -verarbeitung zu kontrollieren und den Handel zu leiten. Diese Personen erwarben große Reichtümer. Aus dieser Schicht stammten vermutlich die ersten Anführer, auch „Fürsten" genannt. Zeichen ihrer Macht waren – wie Grabbeigaben belegen – Gegenstände aus Gold, Bronze und Eisen. Sie wohnten zum Teil in befestigten Hohensiedlungen. Macht und Reichtum dieser „Fürsten" führten zu Konflikten: erstens zwischen den Mächtigen, die ihre Einflussgebiete vergrößern wollten oder verteidigen mussten; zweitens zwischen den „Fürsten" und denen, die ihnen in ihrem Herrschaftsbereich ihre Position streitig machten.

Die Macht vieler bronzezeitlicher „Fürsten" endete mit der Eisenzeit. Der Handel verlor an Bedeutung, da Eisenerze an vielen Orten zu finden waren. Zahlreiche Burgen wurden verlassen oder verlegt. Für kurze Zeit scheint sich der Reichtum auf eine breitere Bevölkerungsschicht verteilt zu haben.

6 Schild, Helm und Schwert aus der Bronzezeit, 10. und 9. Jh. v. Chr.
Das Schwert diente nur dem Kampf zwischen den Menschen. Alle früheren Waffen konnten auch als Werkzeuge gebraucht werden.

M 1 Ein Bergwerk der Bronzezeit.
Rekonstruktionszeichnung.
Zum Abbau von metallhaltigem Gestein (Erz) benutzte man die „Feuersetzmethode“: Wo eine Erzader an die Erdoberfläche trat, wurde ein großes Feuer entfacht.
War es abgebrannt, schreckte man das erhitzte Gestein mit Wasser ab. Das metallhaltige Gestein bekam dadurch Risse und ließ sich leichter herunterschlagen. Auf diese Weise arbeitete man sich in dem Erzgang bis zu 100 m tief in den Berg.

M 2 Die Aufbereitung des Erzes.
Rekonstruktionszeichnung.
Das erzhaltige Gestein wurde zerkleinert und dann mit Handmühlen gemahlen. Danach wurden mithilfe von Wasser die nichtmetallischen von den metallischen Teilen getrennt.

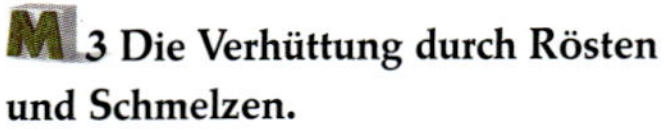

M 3 Die Verhüttung durch Rösten und Schmelzen.
Rekonstruktionszeichnung.
Das zu Pulver zerriebene Erz wurde „geröstet“; dadurch wurde der enthaltene Schwefel entfernt und eine gute Schmelzfähigkeit erreicht. Den Schmelzofen füllte man zunächst mit Holzkohle und fachte das Feuer mit Blasebälgen an. War die richtige Temperatur von über 1100 °C erreicht, wurden abwechselnd Erz und Holzkohle in den Ofen gefüllt. Um reines Kupfer zu bekommen, war wiederholtes Schmelzen erforderlich. Zur Herstellung von Bronze schmolz man dann das Kupfer erneut und vermischte je neun Teile Kupfer mit einem Teil Zinn. Anschließend wurden die Bronzebarren in die Gießereien gebracht oder gelagert.

1. *Verfolge und benenne alle Schritte der Herstellung von Metall (M 1 bis M 3). Beschreibe den Arbeitseinsatz.*
2. *Zähle auf, wofür Holz benötigt wurde (M 1 bis M 3). Informiere dich auch über die Herstellung von Holzkohle.*
3. *„Metall bedeutet Reichtum.“ – Betrachte die Personen (M 1 bis M 3) und überlege, auf wen diese Aussage zutreffen könnte.*
4. *Überlege, welche Auswirkungen die Metallherstellung auf die Umwelt hatte.*

Was war wichtig?

Daten

vor 7 Mio. Jahren	*In Afrika tauchen menschenähnliche Lebewesen auf.*
vor 3 Mio. Jahren	*„Lucy“ durchstreift die Savannen Afrikas.*
vor 500 000 Jahren	*In Europa leben Frühmenschen.*
vor 40 000 Jahren	*Der Jetztmensch (homo sapiens) breitet sich in Europa aus.*
vor 10 000 Jahren	*Die Menschen werden sesshaft und gründen Siedlungen.*

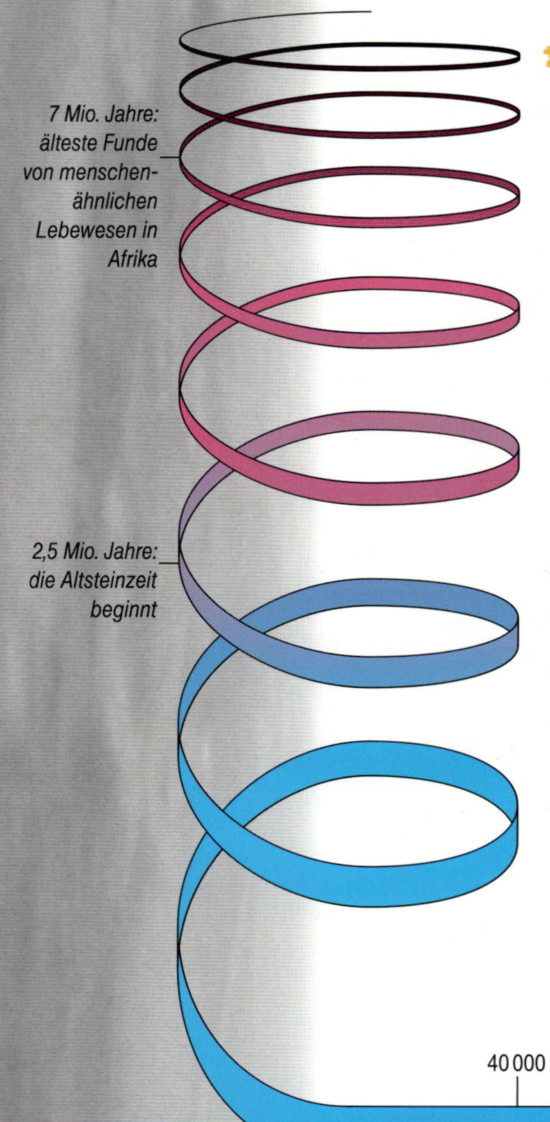

Begriffe

Altsteinzeit: erster Abschnitt der Geschichte, der vor etwa 2,5 Mio. Jahren beginnt. In dieser Zeit lebten Menschen vom Jagen und Sammeln. Sie lernten Feuer zu gebrauchen. Werkzeuge und Waffen fertigten sie aus Stein, Knochen und Holz. Metalle kannten sie noch nicht.

Eisenzeit: Abschnitt der Geschichte, die um 1 000 v. Chr. in Europa beginnt. In dieser stellten die Menschen Waffen, Geräte und Schmuck aus Eisen her.

Jungsteinzeit (*Neolithikum*): Abschnitt der Geschichte, der etwa 10 000 v. Chr. beginnt und in dem sich Menschen von wandernden Sammlern und Jägern (→ *Nomaden*) zu sesshaften Ackerbauern und Viehzüchtern entwickelten.

Neolithische Revolution: der Übergang von der aneignenden (sammelnden und jagenden) zur produzierenden Wirtschaftsweise in der → *Jungsteinzeit* (Neolithikum).

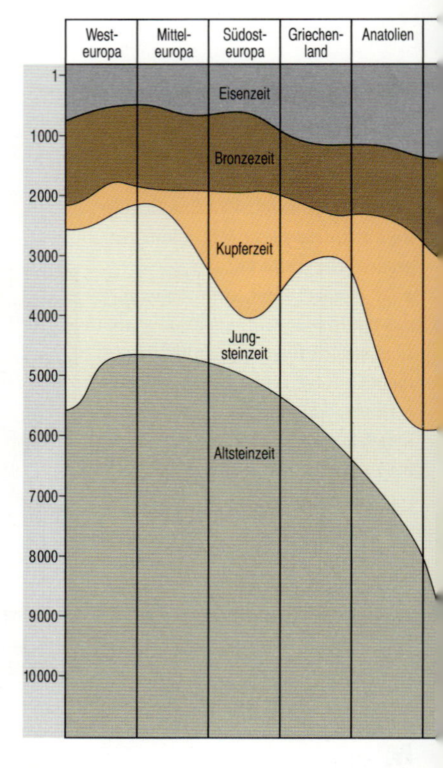

1 Abschnitte der Vorgeschichte.
Die Grafik zeigt dir, dass die Abschnitte der Vorgeschichte (Steinzeit, Jungsteinzeit usw.) nicht überall gleichzeitig waren. Erkläre die Aussage mit einem Beispiel aus dem Kapitel.

Nomaden: Menschen, die ihrer Nahrung hinterherziehen, d.h. die an verschiedenen Orten leben, um zu jagen und zu sammeln. Diese Lebens- und Wirtschaftsform änderte sich in der → *Jungsteinzeit*.
Noch heute gibt es wandernde Hirtenvölker, die mit ihren Viehherden das ganze Jahr unterwegs sind.

Grundfertigkeiten

Du hast in diesem Kapitel
- etwas über die Arbeitsweise der Vorgeschichtsforschung erfahren und
- das Leben in vorgeschichtlicher Zeit mit dem heute lebender Naturvölker vergleichen können.

40 000 30 000 20 00

Altsteinzeit

Der Jetztmensch (homo sapiens) lebt in Europa

Zusammenfassung

Die Menschen haben von ihren Anfängen in den Savannen Afrikas bis zur Gegenwart einen langen Weg zurückgelegt. Sie lebten zunächst nur vom Jagen und Sammeln, lernten dann Werkzeuge und das Feuer zu gebrauchen, stellten erste Kunstwerke her und entwickelten religiöse Vorstellungen. Dank ihrer Fähigkeiten konnten sie sich an unterschiedliche klimatische Verhältnisse anpassen und fast die ganze Welt besiedeln.
Mit der Zeit entdeckten die Menschen, dass sie durch Säen und Ernten von Getreide und Züchten von Tieren auf derselben Fläche mehr Menschen ernähren konnten als durch Jagen und Sammeln. Immer mehr Menschen ließen sich nieder und bauten Häuser. Sie lernten zu töpfern und zu weben. Ein weiterer Entwicklungssprung war die Gewinnung und Verarbeitung von Metallen. Man begann mit Rohstoffen und fertigen Gütern zu handeln. Die Händler verbreiteten die Kenntnisse über verschiedene Lebens- und Arbeitsformen. Wo die Landwirtschaft viel erbrachte, konnten sich Einzelne spezialisieren (*Arbeitsteilung*).
Auch das Zusammenleben änderte sich. Es entstanden kleine Führungsschichten, die über andere Menschen herrschten. Der Wunsch nach Macht und Reichtum ließ Konflikte entstehen. Landwirtschaft, Handwerk und Handel bildeten die Grundlage für die ersten höher entwickelten Kulturen.

Lesetipps → *Buchempfehlungen zum „Ötzi" und zur Frühgeschichte findest du auf Seite 118.*

Exkursionstipps → *In vielen Städten und Gemeinden Hessens gibt es Museen mit Funden aus der Vor- und Frühgeschichte, größere Sammlungen befinden sich in:*

- *Hessisches Landesmuseum, Darmstadt*
- *Kreis- und Stadtmuseum, Dieburg*
- *Archäologisches Museum, Frankfurt am Main*
- *Naturmuseum Senckenberg, Frankfurt am Main*
- *Regionalmuseum Fritzlar*
- *Vonderau-Museum, Fulda*
- *Hessisches Landesmuseum, Kassel*
- *Vorgeschichtliches Seminar der Philipps-Universität, Marburg*
- *Museum der Stadt Rüsselsheim*
- *Museum Wiesbaden, Wiesbaden*

2 **Katalog des Südtiroler Archäologiemuseums, 1998.**

Wie viel ist der „Ötzi" wert?
Helmut und Erika Simon aus Nürnberg fanden den „Ötzi" 1991. Da der „Ötzi" der Allgemeinheit nützt und mit ihm Geschäfte gemacht werden, fordert das Paar Finderlohn.
„Aber wie wollen Sie denn den Wert einer Leiche festlegen, sei sie auch noch so alt?", fragt Stefan Beikircher vom Rechtsamt der Provinz Südtirol.
„Wir können den Ötzi […] nicht verkaufen und wir können ihn auch nicht versteigern wie einen Van Gogh."
Nach: www.stern.de/id/wissenschaft/mensch/?id

- *Nimm Stellung zu dem Streit.*
- *Informiere dich über seinen Ausgang und berichte.*

Übertrage die Zeitspirale auf ein Blatt (DIN A 4 quer, die letzten 40 000 Jahre als Zeitstrahl, 10 000 Jahre = 5 cm) und füge ein: die ungefähre Lebenszeit des „Ötzi", die Entstehungszeit der Höhlenmalerei in der Grotte Chauvet, die ältesten Funde von Neandertalern, das Alter des Wildpferdes aus der Vogelherdhöhle sowie das Alter des Rasiermessers aus Gödenstorf.

10 000 | Christi Geburt

Jungsteinzeit

Die Menschen werden sesshaft

Frühe Hochkulturen

Große Sphinx* mit der Pyramide des Cheops in Giza, um 2600 v. Chr.
Foto, um 1990.

__Sphinx__: Steinbild eines Gottes oder Königs in Löwengestalt; Zeichen der königlichen Macht.

Das war ein Tag so ganz nach seinem Wunsch! Zufrieden lehnte sich Hemiunu auf das Polster seiner Sänfte zurück. Jetzt war er wieder in der Hauptstadt Memphis. Hinter ihm strahlte die riesige Pyramide im roten Schimmer des Abendlichts. In Hemiunus Gedanken zogen die Bilder des Tages noch einmal vorüber. Cheops, der Herrscher Ägyptens, hatte die Baustelle seiner Grabpyramide besucht. Sie sollte dem Pharao nach dem Ende seines irdischen Lebens als ewige Wohnstätte dienen. Mit eigenen Augen hatte sich der Herrscher davon überzeugt, dass das riesige Werk nach jahrzehntelanger Bauzeit wirklich kurz vor seiner Vollendung stand. Und er, Hemiunu, der oberste Minister des großen Königs, der die Bauarbeiten geleitet hatte, durfte seinem Herrn nun dieses Meisterwerk zeigen. Unten am Ufer hatte er ständig den Nil aufwärts in Richtung Memphis geschaut und aufgeregt nach der vergoldeten Barke des Sonnengottes Ausschau gehalten. Als dann der König endlich am Begrüßungstempel angelegt hatte, durfte Hemiunu ihn, seine engsten Verwandten und die vielen Priester die große Rampe hinauf zur Pyramide führen. Kein Laut war zu hören, obwohl Tausende von Arbeitern sich zum Empfang des Pharao versammelt hatten. Aus Furcht und Ehrerbietung hatten sie sich, wie es sich gehörte, vor dem König in den staubigen Sand geworfen und es nicht gewagt, die Blicke zu heben, bevor der Sohn des Gottes Re an ihnen vorübergetragen worden war. Oben am Ende des Aufganges geschah, was Hemiunu insgeheim erhofft hatte: Der erhabene König stieg aus der Sänfte und ging um die Pyramide herum, begleitet vom Gebetsgemurmel der Priester und vom Geräusch ihrer Rasseln. Nichts hätte seine Zufriedenheit besser zeigen können als sein würdevolles Schweigen und sein regloses Gesicht. Eine Auszeichnung ohnegleichen war es für Hemiunu, als der Pharao vor der großen Sphinx innehielt und dem obersten Minister für einige Wimpernschläge sein heiliges Antlitz zuwandte. Wie allen Anwesenden war dem Herrscher wohl klar geworden, dass er vor einem großen und vollkommenen Bauwerk stand, wie es noch keines vorher gegeben hatte.

Hemiunu lächelte unwillkürlich bei dieser Erinnerung. Der riesige Aufwand und die unermessliche Anstrengung des ganzen Landes hatten sich gelohnt. Hemiunu konnte mit sich und seinem Meisterwerk wirklich zufrieden sein.

Dieter Brückner

Weltwunder am Nil

Einfach gigantisch!
Wer heute nach Ägypten reist, will die Pyramiden sehen. Die ältesten stehen seit über 4500 Jahren in dem Land am Nil.
Über zwanzig Jahre lang konnte der Bau einer Pyramide dauern. Dazu brauchten die Ägypter kluge Architekten und zahllose Arbeiter. Sie meisterten diese gewaltigen Aufgaben, weil sie es gelernt hatten, langfristig zu planen und zu organisieren – und weil die Zahl der eingesetzten Arbeitskräfte keine Rolle spielte.

Während des jährlichen Nilhochwassers wurden 8 bis 10000 Männer zum Pyramidenbau herangezogen. Dazu brachen Tausende Arbeiter in den Steinbrüchen flussaufwärts Millionen Steinblöcke und transportierten sie auf Schiffen an die Baustellen.
Die größte Pyramide ist die des *Cheops*. Sie wurde um das Jahr 2585 v. Chr. fertig. Jede ihrer Seiten ist 230 Meter lang, und ihre Höhe betrug 146,6 Meter. Es dauerte rund 4000 Jahre, bis Menschen ein noch höheres Bauwerk errichteten.
Die Kalksteine der *Cheops-Pyramide* sind bis zu 1 Meter lang, 70 Zentimeter hoch und wiegen fast 2 1/2 Tonnen (etwa so viel wie zwei Autos). Im Inneren des Bauwerks wurden auch Granitblöcke verbaut, die 40 Tonnen schwer sind. Die Methoden, mit denen die Ägypter die gewaltigen Steinblöcke hoben und zusammenfügten, kennen wir bis heute nicht genau.

Bewundernswert genau
Im Inneren der Pyramiden sind die Steinblöcke nur grob behauen. Die äußeren Quader passen jedoch fast fugenlos aneinander, und das, obwohl die Handwerker nur über Werkzeuge aus Holz, Stein und Bronze verfügten. Und auch sonst arbeiteten Baumeister und Arbeiter sehr genau. Die Ecken der Pyramiden weisen exakt in die vier Himmelsrichtungen; die riesigen Bauwerke stehen fast waagerecht, und die Höhenunterschiede zwischen den Ecken betragen nur wenige Zentimeter.
Was war das für ein Land, in dem so großartige Bauwerke entstanden? Wie lebten die Menschen in ihm? Wie und von wem wurden die alten Ägypter regiert und woran glaubten sie?

1 Pyramidenfeld von Abusir.
Rekonstruktionszeichnung von Ludwig Borchard.
Die Pyramide ist kein einzelnes Bauwerk, sondern Teil einer Anlage. In Abusir haben um 2450 v. Chr. Könige ihre Grabbezirke angelegt.

Wie untersuchen wir ein Bauwerk?

Blick in die Cheops-Pyramide. *Querschnitt.*

M 1 Bau der Pyramiden.
Holzstich nach einer Zeichnung von Heinrich Leutemann, um 1880 (Ausschnitt).

Geschichte aus Stein

Die Pyramiden sind die berühmtesten Bauwerke des alten Ägypten. Sie haben Jahrtausende überdauert. Wenn wir uns mit ihnen beschäftigen, erhalten wir Informationen über die Zeit, in der sie entstanden sind. Wir erfahren etwas über diejenigen, die sie bauen ließen und über die, die sie gebaut haben. Und wir können den Bauwerken Informationen über Architektur und Technik sowie über Glauben und Jenseitsvorstellungen entnehmen.

Wir befragen ein Gebäude

Am besten stellen wir den Pyramiden – beispielhaft für andere Bauwerke – ein paar Fragen:

- Welche Form und Größe, welchen Grund- und Seitenriss haben sie?
- Wann und wo entstanden sie?
- Welchem Zweck dienten sie?
- Wer ließ sie errichten?
- Wer bezahlte sie?
- Wer baute sie?
- Wie lange dauerte der Bau?
- Welche Werkstoffe wurden verwendet, woher kamen sie?
- Welche Techniken wurden angewendet?
- In welchem Zustand befinden sie sich heute?

1. *Betrachte die Abbildungen und lies die Texte auf den Seiten 36 bis 39. Beantworte danach die aufgeworfenen Fragen. Zu welchen Fragen fehlen dir Informationen? Zeichne eine Pyramide und trage um sie herum deine Ergebnisse in sinnvoller Anordnung ein.*
2. *Erzähle aus der Sicht eines Arbeiters vom Bau einer Pyramide. Beschreibe, wie die Steinblöcke bewegt wurden und welche Hilfsmittel zur Verfügung standen (M 1).*

Ägypten – ein Reich entsteht

1 Ägypten.
Unterlauf des Nils.
Mit fast 6 700 km ist der Nil der längste Fluss der Erde. Er entspringt am Äquator, durchquert Steppen und Wüsten, windet sich durch Katarakte, das sind Stromschnellen, fließt träge durch Ägypten und mündet in einem Delta ins Mittelmeer.
Stelle mithilfe eines Atlas fest, woher der Nil sein Wasser bekommt.

Fruchtbarer Schlamm

Nach der letzten Eiszeit wurden die Flusstäler in den regenlosen Gebieten Afrikas allmählich zu großen Oasen, in denen die umherziehenden Hirten- oder Wandervölker Zuflucht suchten.
Am Nil fanden sie und ihre Tiere besondere Bedingungen vor: Alljährlich schwoll der Fluss nach einer langen Regenzeit an seinem Oberlauf mächtig an und überschwemmte die ausgetrockneten Ufer stellenweise kilometerbreit. Wenn dann das Hochwasser zurückwich, hinterließ es fruchtbaren Schlamm: Er bot beste Voraussetzungen für Viehzucht und Ackerbau und lieferte Lehm für Ziegel.

Leben am Fluss

Der Nil wurde zum wichtigsten Verkehrsweg, ja zur Lebensader Ägyptens. Fische, Vögel und andere Tiere, die im Schilfdickicht lebten oder hierher zum Trinken kamen, waren für die Anwohner eine leichte Beute. An den Flussufern konnten sie Felder und Gärten anlegen. Auch Flachs ließ sich dort anbauen. Aus ihm wurden Stoffe und Seile gemacht. Am Nil wuchs auch die Papyrusstaude. Aus ihren Stängeln entstanden Schiffsrümpfe oder Matratzen. Vor allem entdeckten die Ägypter, wie aus der Pflanze ein ausgezeichnetes Schreibmaterial gewonnen werden konnte: **Papyrus***.

** Über Papyrus erfährst du auf Seite 48 mehr.*

Internettipp → *Eine virtuelle Tour durch das alte Ägypten ist unter www.aegypten-online.de/tour.htm zu finden.*

2 Nilflut.
Foto, vor 1960.
Nach dem Bau der beiden Staudämme bei Assuan (1962 und 1970) gibt es diese Überschwemmungen nicht mehr.

Ein „Geschenk des Nils"?

Der Fluss war auch gefährlich. Oft kamen die Überschwemmungen so heftig, dass sie Häuser und Vieh mit sich rissen. Manchmal aber fielen sie zu schwach aus. Dann reichten Wasservorräte und Nilschlamm nicht für eine gute Ernte.
Die Menschen mussten sich auf die natürlichen Lebensbedingungen einstellen. Das fiel ihnen leichter, als sie feststellten, dass die Überschwemmungen regelmäßig kamen.
Der Nil spornte die Menschen an, die Gefahren des Lebens zu meistern. Nach jedem Hochwasser mussten sie die Felder neu vermessen. Gemeinsam säten und ernteten die Menschen, sie legten Vorräte an, um die unterschiedlichen Ernten auszugleichen. Mithilfe von Dämmen versuchten sie, sich und ihre Tiere vor den Wassermassen zu schützen. Schließlich entwickelten die Ägypter ein Bewässerungssystem. Es sicherte der wachsenden Bevölkerung gleich bleibende Ernteerträge und half, Wüste in Acker zu verwandeln.

Unter einem Herrscher

Das Zusammenleben im Niltal erforderte gemeinsame Anstrengungen der Menschen. So mussten sowohl der Hochwasserschutz als auch das Bewässerungssystem geplant und das Wasser verteilt werden. Der wachsende Reichtum förderte Streit und führte zu räuberischen Angriffen umherziehender Hirtenvölker. Um sich zu schützen und Rechte und Pflichten zu regeln, schlossen sich die Menschen unter örtlichen Anführern zusammen. Diese übten ihre **Herrschaft** über sie aus. Kriege und Vereinbarungen führten dazu, dass es am Ende des 4. Jahrtausends v. Chr. nur noch zwei Herrschaftsgebiete gab: Unterägypten im Bereich des Nildeltas und Oberägypten entlang des Nillaufes.
Vor 3000 v. Chr. soll der Herrscher Oberägyptens durch einen Krieg das Land zu einem **Reich** vereinigt haben. Manche Forscher bezweifeln dies und meinen, dass der Zusammenschluss eher allmählich und friedlich vor sich gegangen sei.

Die Arbeit wird aufgeteilt

Die Äcker im fruchtbaren Niltal erbrachten mehr Lebensmittel, als die Bauern selbst verbrauchten. Aus den Überschüssen legten sie Vorräte an. Mit ihnen wurde es möglich, Menschen zu ernähren, die nicht im Ackerbau tätig waren: Handwerker, Künstler, Priester, Schreiber. Es entstand eine arbeitsteilige **Gesellschaft**, die dauerhaft unter einem Herrscher zusammenlebte, und zum Austausch von Informationen eine **Schrift** nutzte.* Das Handwerk spezialisierte sich; neben Zimmerleuten gab es beispielsweise Möbeltischler und Schiffsbauer. Gebäude und Gebrauchsgegenstände wurden immer besser und schöner.
Bezahlt wurde nicht mit Geld. Münzen gab es in Ägypten erst ab dem 4. Jh. v. Chr. Löhne, Steuern und Abgaben beglich man in Getreide. Außerdem benutzten die Ägypter Edelmetalle wie Gold, Silber und Kupfer zum Tausch für Waren oder geleistete Dienste.

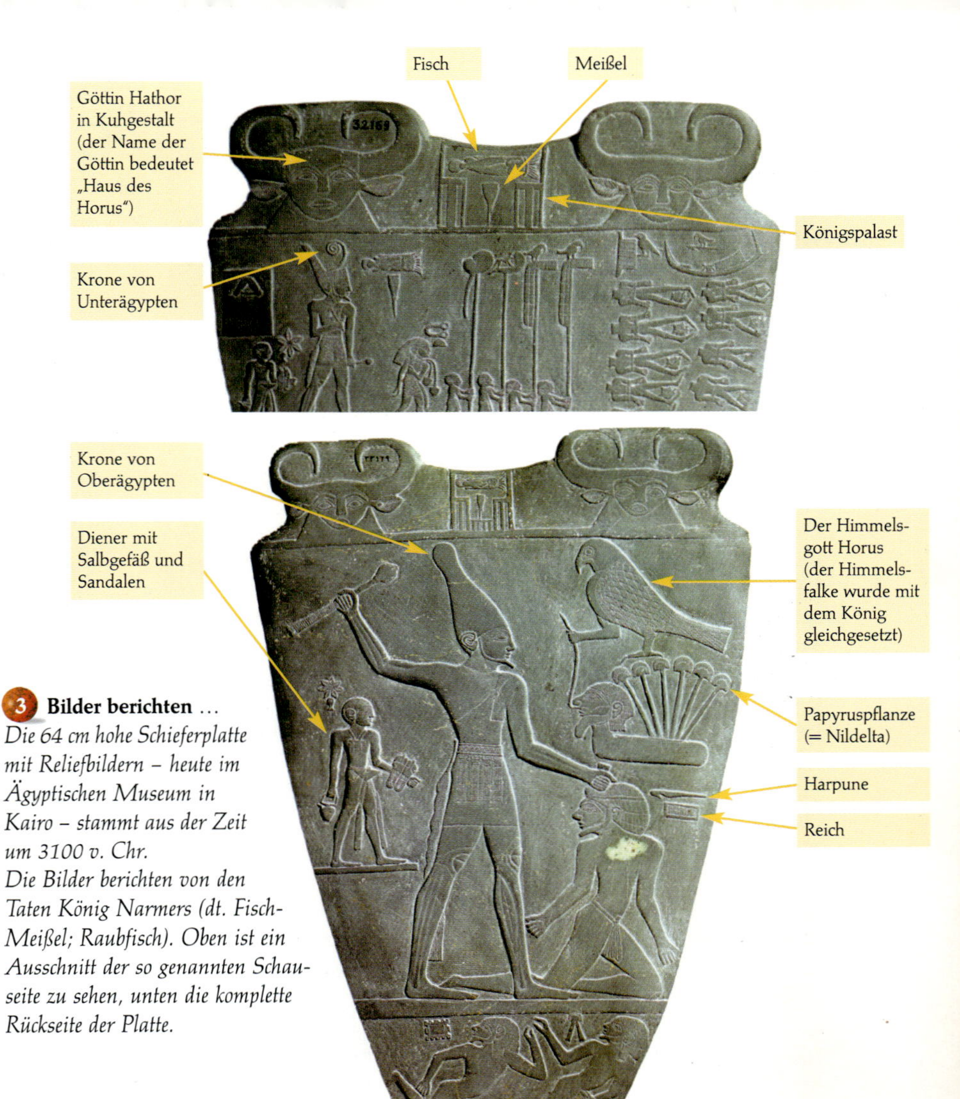

3 Bilder berichten …
Die 64 cm hohe Schieferplatte mit Reliefbildern – heute im Ägyptischen Museum in Kairo – stammt aus der Zeit um 3100 v. Chr.
Die Bilder berichten von den Taten König Narmers (dt. Fisch-Meißel; Raubfisch). Oben ist ein Ausschnitt der so genannten Schauseite zu sehen, unten die komplette Rückseite der Platte.

Städte wachsen

Wo die Überschüsse aus der Landwirtschaft gesammelt, gelagert und eingetauscht wurden, entstanden allmählich Städte. Sie unterschieden sich von den Dörfern nicht nur durch ihre Größe und die Zahl der Bewohner, sondern auch dadurch, dass
- sie besonders dicht bebaut und befestigt waren,
- dort Rohstoffe und fertige Waren angeboten und erworben wurden,
- von ihnen aus das Umland verwaltet wurde,
- sie mit ihren großen Tempelanlagen zu Mittelpunkten des Landes wurden,
- in ihnen mächtige Herrscher und Herrscherinnen und einflussreiche Priester und Beamte ihren Wohn- und Amtssitz hatten.

LERNTIPP

1. *Schau dir die Platte mit den Bildern (Abb. 3) genau an und lies die Erläuterungen dazu. Suche alle Stellen, an denen der Name des Königs zu lesen ist, und finde heraus, welche Personen außer dem König auf der Platte abgebildet sind. Dazu musst du noch wissen, dass die Götter Hathor und Horus Mächte sind, die den König schützen und ihm Kraft geben.*
2. *Verfasse zu den auf der Schieferplatte (Abb. 3) dargestellten Ereignissen eine Erzählung.*

**Zu den Schreibern und zur Schrift lies die Seiten 46 bis 49.*

M 1 Über den Nil

Eine Pyramideninschrift lautet:

Die, die den Nil sehen, zittern, wenn er strömt. Die Felder lachen, und die Ufer sind überflutet. Die Gaben des Gottes steigen herab, das Gesicht des Men-5 schen wird hell, und das Herz der Götter jauchzt.

In einem Lobgesang, der um 2000 v. Chr. entstand, heißt es:

Sei gegrüßt, Nil, hervorgegangen aus der Erde, gekommen, um Ägypten am Leben zu erhalten! […] Der Gerste 10 schafft und Emmer* entstehen lässt. Wenn er faul ist, verarmt jedermann. […] Wenn er habgierig ist, ist das Land krank […]. Wenn er steigt, dann ist das Land in Jubel, dann ist jeder Bauch in 15 Freude. […]
Er [der Nil] ist in der Unterwelt, aber Himmel und Erde gehorchen ihm. Der Nil ergreift die Macht über die beiden Länder**, füllt die Speicher und […] 20 gibt den Armen Besitz. Er lässt die Bäume wachsen an jeder Schöpfstelle […].

Erster Text: Adolf Erman, Die Literatur der Aegypter. Gedichte, Erzählungen und Lehrbücher aus dem 3. und 2. Jahrtausend v. Chr., Leipzig 1923, S. 35 (leicht vereinfacht). Zweiter Text: Jan Assmann (Hrsg.), Ägyptische Hymnen und Gebete, Zürich 1975, S. 500 ff. (stark überarbeitet)

* **Emmer:** *Weizenart*
** *gemeint sind Ober- und Unterägypten, also das ganze Reich*

Internettipp → *Zum Leben am Nil siehe www.br-online.de/bildung/databrd/nil1.htm/*

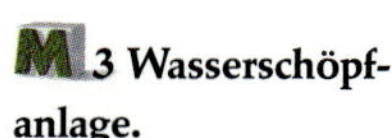

M 3 Wasserschöpfanlage.
Nachbildung einer Grabmalerei, um 1240 v. Chr.
Da nach jeder Überschwemmung bald wieder Wassermangel herrschte, legten die Ägypter Deiche und Gräben an, in denen sich das Nilwasser sammeln konnte.
In weit verzweigten Kanälen floss es zu den Feldern. Meist reichte es, um die Pflanzen bis zum Beginn der Erntezeit am Leben zu erhalten. Die Schöpfgeräte bewässern vor allem Gärten. Sie sind erst für die Zeit nach der Mitte des 2. Jahrtausends v. Chr. überliefert.

M 4 Wasserhebegerät.
Foto, um 1960.
Beschreibe, wie das Gerät funktioniert und vergleiche es mit M 3.

M 2 Die drei Jahreszeiten.

Zeit des Hochwassers 15. Juni – 14. Oktober	Zeit der Saat 15. Oktober – 14. Februar	Zeit der Ernte 15. Februar – 14. Juni

1. *Die Texte in M 1 enthalten Hinweise auf die Jahreszeiten (M 2) und belegen die Bedeutung des Nils für die Ägypter. Erkläre!*
2. *Welche Aufgaben stellt der Nil den Menschen? Was meint die Formulierung „Wenn er faul ist …“ (M 1)?*
3. *Der Ausdruck, Ägypten sei „ein Geschenk des Nils“, stammt von dem griechischen Geschichtsschreiber Herodot. Hat er Recht? Begründe!*

Der Pharao – ein allmächtiger Herrscher

Aus Anführern werden Könige
Schon die Hirten- und Wandervölker der vorgeschichtlichen Zeit wurden von Einzelnen angeführt. Vermutlich waren dies Männer, die gut organisieren konnten und besonders fromm waren. Sicher waren darunter auch mutige Krieger. Seit Ende des 4. Jahrtausends v. Chr. konnten einige ihre Macht auf Dauer festigen und schließlich an ihre Nachkommen weitergeben. Aus Anführern wurden Könige.
Die Bewohner ihrer Reiche verloren zwar einen Teil ihrer Freiheit, da die Herrscher von ihnen Gefolgschaft, Steuern und Abgaben forderten. Aber diese sorgten in ihrem Reich auch für Ordnung und für Schutz vor Feinden – nach damaliger Auffassung Zeichen für das Wohlwollen der Götter.

Gott und Mensch
An der Spitze des ägyptischen Reiches standen immer Könige: Wir kennen über 350 Herrscher, darunter vier Herrscherinnen. Der erste König regierte um 3150 v. Chr., der letzte im 4. Jh. v. Chr. Einer der vielen Namen der Herrscher lautete Pharao, was mit „großes Haus" übersetzt werden kann.
Nach dem Glauben der alten Ägypter war der Pharao kein normaler Mensch, sondern ein Abkömmling der Götter. Ihnen gegenüber hatte er sich für das Wohlergehen seines ganzen Volkes einzusetzen. Der Pharao sollte auf Erden das Werk der Götter fortführen.
Die Priester verkündeten, es sei dem Pharao zu danken, wenn im Land Wohlstand und Gerechtigkeit herrschten und sich die Herrschaft Ägyptens auf die umliegenden Länder ausdehne.

Die weltliche Macht des Pharao
Der Pharao regierte unumschränkt.
Der König allein entschied über Krieg und Frieden. Die Bewohner hatten zu tun, was er anordnete. Nur er konnte Gesetze erlassen und hohe Beamte einsetzen.
Ihm gehörte auch das ganze Land.
Seine Untertanen hatten für ihn zu arbeiten.
Der König war verantwortlich dafür, dass

- nach dem Zurückweichen der Überschwemmung und vor der Ernte die Felder neu vermessen wurden,
- Abgaben und Steuern festgelegt und eingetrieben wurden,
- die Arbeitskräfte für die Gemeinschaftsarbeiten genaue Aufträge erhielten und überwacht wurden,
- im ganzen Land die Gesetze eingehalten wurden und dass im Streitfall Recht gesprochen wurde,
- zur Beschaffung von Rohstoffen Expeditionen ins Ausland zogen,
- das Land gegen Feinde geschützt wurde.

1 Tutanchamun.
Goldsarg, um 1325 v. Chr.
Der 110,4 kg schwere und 1,88 m lange Sarg aus massivem Gold enthielt die Mumie des Königs, der im Alter von etwa 18 Jahren starb. Er ist mit gefärbtem Glas und Halbedelsteinen verziert.*
Tutanchamun trägt einen künstlichen „Königsbart" und das Kopftuch der Pharaonen. Auf seiner Stirn befindet sich außer einem Geierkopf noch eine aufgerichtete Schlange, beides Zeichen der Schutzgötter Unter- und Oberägyptens.
In den Händen hält der König einen Krummstab und einen Wedel (Peitsche). Diese beiden Herrschaftszeichen **(Insignien)** *erinnern uns an die vorgeschichtliche Zeit. Erkläre!*

* Zu den Mumien siehe Seite 55 ff.

M2 Soldaten.
Grabbeigabe aus Holz (169,8 cm lang und 62 cm breit), um 2000 v. Chr.
Abgesehen von einer kleinen königlichen Garde gab es im alten Ägypten kein ständig einsatzbereites Heer. Zu Kriegszügen zogen die Ägypter allerdings Männer aus allen Teilen des Landes und allen Bevölkerungsschichten ein. Außerdem warben sie Krieger aus fremden Völkern an, die gegen Belohnung (Sold) für sie kämpften.

M1 „Dieses Heer kehrte glücklich heim"

In den zweieinhalbtausend Jahren nach der Reichsgründung wird Ägypten nur selten von Feinden bedroht und auch nur ein einziges Mal erobert. Die verschiedenen Feinde aus dem Osten heißen in den ägyptischen Quellen einfach „Asiaten" oder „Sandbewohner".
Aus der Lebensbeschreibung des vornehmen Ägypters Uni (nach 2300 v. Chr.):

Seine Majestät bekriegte die asiatischen Sandbewohner, und seine Majestät sammelte ein Heer von vielen Zehntausenden aus ganz Oberägypten [...].
5 Dieses Heer kehrte glücklich heim,
nachdem es das Land der
Sandbewohner zerhackt hatte.
8 Dieses Heer kehrte glücklich heim,
nachdem es das Land der
Sandbewohner zerstört hatte.
11 Dieses Heer kehrte glücklich heim,
nachdem es ihre Befestigungen
geschleift hatte.
14 Dieses Heer kehrte glücklich heim,
nachdem es ihre Feigenbäume
und Weinstöcke abgeschnitten hatte.
17 Dieses Heer kehrte glücklich heim,
nachdem es an den Häusern
aller Menschen dort Feuer
gelegte hatte.
21 Dieses Heer kehrte glücklich heim,
nachdem es dort Truppen zu
vielen Zehntausenden abgeschlachtet hatte.
25 Dieses Heer kehrte glücklich heim,
nachdem es sehr viele Truppen von dort als Gefangene
28 mitgebracht hatte.

Adolf Erman, Ägypten und das ägyptische Leben im Altertum. Neu bearb. von H. Ranke, Hildesheim ³1984 (Neudruck der Ausgabe von 1923), S. 623 (gekürzt und vereinfacht)

M 3 Kriegsszene.
Malerei auf einer Holztruhe, um 1325 v. Chr. Die Ägypter lernten den Umgang mit Pferd und Streitwagen erst Mitte des 2. Jahrtausends von fremden Völkern.

M 4 Gefangene.
Zeichnung nach einer ägyptischen Vorlage von Ippolito Rosselini, 1. Hälfte des 19. Jh.

M 5 „Die elenden Asiaten"
Um 2150 v. Chr. belehrt ein Pharao seinen Sohn und Nachfolger über das Verhältnis der Ägypter zu den „Asiaten":

Siehe die Grenze im Osten ist mit Städten besiedelt und mit den auserlesensten Menschen unseres Landes gefüllt, um die Asiaten abzuwehren 5 […].
Man sagt aber auch dieses von den Fremden: Der elende Asiat, übel ist der Ort, wo er lebt, mit schlechtem Wasser, unzugänglich durch die vielen Bäume, 10 und die Wege sind schlecht wegen der Berge. Nie wohnt er an demselben Ort. Seit der Zeit des Horus* kämpft er und siegt nicht, aber er wird auch nicht besiegt […].
15 Ich habe ihre Leute erbeutet, ich habe ihr Vieh geraubt, mache dir keine Sorge um ihn, den Asiaten; er beraubt eine einzelne Ansiedlung, aber er kann keine einzige volkreiche Stadt erobern.

Nach: Adolf Erman, Die Literatur der Aegypter, a.a.O., S. 115 f. (vereinfacht)

* **Horus**: *Der Falkengott galt als erster Herrscher Ägyptens und Vorgänger der Pharaonen.*

1. *Vergleiche die Ausrüstungen (M 2 und M 3).*
2. *Mit den Streitwagen änderte sich die Kriegsführung. Erkläre!*
3. *Welches Verhalten gegenüber Feinden wird in M 1 und M 5 gepriesen und womit wird es begründet?*
4. *Das Bild (M 3) zeigt eine Schlacht der Ägypter unter Tutanchamun gegen die Nubier. Wie wurden die Feinde, wie das ägyptische Heer dargestellt? Welche Aufgabe hatte das Bild?*

LERNTIPP

Die Helfer des Pharao

Wesire und Schreiber
Die Pharaonen brauchten viele Helfer, um das Reich zu verwalten. An der Spitze der **Verwaltung** standen die Vertrauten des Pharaos. Man nennt sie heute **Wesire**. Zunächst gab es nur einen Wesir, seit dem 2. Jahrtausend v. Chr. zwei: je einen für Ober- und Unterägypten. Die Wesire stammten oft aus den königlichen Familien. Sie teilten mit dem Pharao alle Staatsgeheimnisse, waren oberste Richter und standen an der Spitze einer Art Regierungsmannschaft. Diese leitete und überwachte vor allem die Bereiche, die für das ägyptische Reich lebenswichtig waren: Wasserversorgung, Einnahmen und Ausgaben des Königs, Vorratshäuser, Kriegswesen und große öffentliche Bauten. Die Anweisungen von König, Wesiren und Regierungsmannschaft führten Tausende von Beamten (Staatsdiener) im ganzen Reich aus.
Grundsätzlich hatte ein rangniedriger Beamter seinem Vorgesetzten zu gehorchen und ihm regelmäßig Rechenschaft abzulegen. Alle Staatsdiener gehörten zu den wenigen Ägyptern, die rechnen, schreiben und lesen konnten. Unabhängig von ihrer Stellung, wurden sie allgemein „Schreiber" genannt.

Nichts darf vergessen werden
Schreiben, Lesen und Rechnen ermöglichten den Beamten
- alles, was zur Verwaltung des großen Reiches nötig war, festzuhalten,
- Befehle über weite Entfernungen unverfälscht weiterzugeben und
- andere Beamte zu beaufsichtigen.

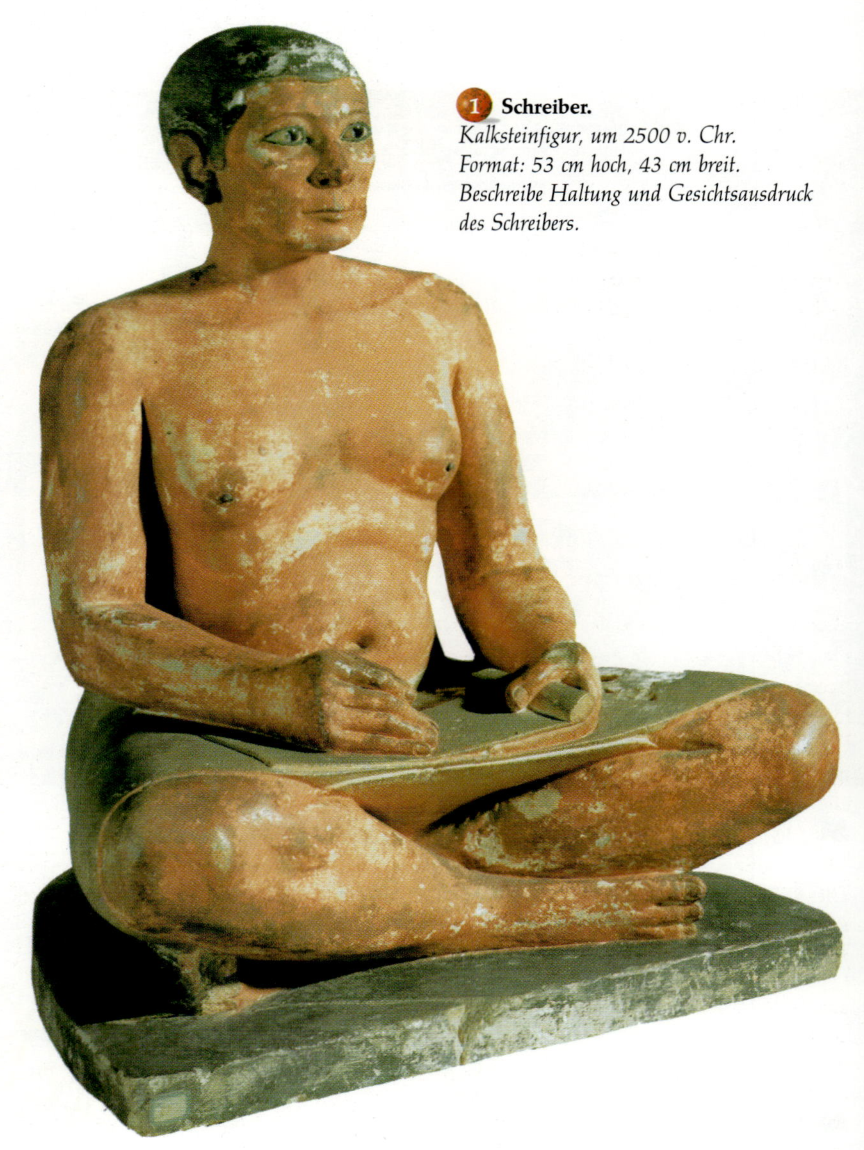

1 Schreiber.
Kalksteinfigur, um 2500 v. Chr.
Format: 53 cm hoch, 43 cm breit.
Beschreibe Haltung und Gesichtsausdruck des Schreibers.

Wissen ist Macht
Jeder Schreiber durfte dem normalen Bürger Befehle im Namen seiner Vorgesetzten erteilen. Seine Arbeit für den König machte ihn zu etwas Besonderem. Daher galt der Schreiberberuf als erstrebenswert. In der Regel wurde er von Beamtenkindern erlernt. Die Ausbildung brachte Macht und Ansehen, sowie ein sicheres Einkommen und Steuerbefreiungen.
Viele Schreiber träumten davon, eines Tages vom König ein hohes Staats- oder Priesteramt zu bekommen. Solche Karrieren waren jedoch selten, da die Ämter meist von Generation zu Generation an Mitglieder der Herrscherfamilie vergeben wurden.

Der lange Weg zum Schreiber
Nur wenige Kinder gingen im alten Ägypten zur Schule. Kinder von Handwerkern und Bauern lernten von ihren Eltern nur, was sie für ihre Arbeit brauchten. Lesen und Schreiben gehörten meist nicht dazu.
Die Schreiberausbildung dauerte zwölf bis fünfzehn Jahre. Grundkenntnisse konnte sich der angehende Schreiber im Privatunterricht bei einem anderen Schreiber aneignen. Besonders Begabte durften eine der Schreiberschulen des Königs oder eines Tempels besuchen.

2 Beamte im Einsatz.
Grabmalerei, um 1400 v. Chr.
Oben: Das Land wird vermessen.
Mitte: Das Korn wird in Messgefäße geschüttet.
Die Malerei zeigt, zu welcher Zeit das Land vermessen wurde. Warum waren der Zeitpunkt, die Größe der Felder und die Erträge für den Staat wichtig?
Welche Aufgaben erfüllten die Schreiber?

Tüftler und Entdecker

Das Leben am Nil regte Beamte, Schreiber und Priester dazu an, die Anfänge von Wissenschaft zu entwickeln. Ein Beispiel: Mit jeder Überschwemmung wischten Wasser und Schlamm alle Feldmarkierungen weg. Wie sollte man sie wieder finden? Die Ägypter lernten, wie man von einigen festen Punkten aus Grenzen wieder genau vermessen konnte. So entdeckten sie für sich die **Geometrie**.

Wie aber konnte man wissen, wie weit das Jahr fortgeschritten war und wie lange es noch bis zur nächsten Überschwemmung dauerte? Die Priester beobachteten den Lauf der Gestirne über eine lange Zeit und erkannten, dass die Sonne nach 365 Tagen ihre Bewegungen am Himmel wiederholte. Danach entwickelten sie einen Kalender. Auf ihm baut trotz aller Unterschiede auch unser heutiger Kalender auf.

Einige Priester beschäftigten sich mit Krankheiten und wagten sich an Operationen, sogar am menschlichen Gehirn. Es gab Fachärzte für Augen- und Zahnerkrankungen. Mit natürlichen Arzneien konnten zahlreiche Leiden gelindert oder geheilt werden.

Eine Hochkultur

Das Leben der Ägypter unterschied sich stark von den einfachen bäuerlichen Verhältnissen anderer Völker. Denn die Ägypter hatten verschiedene Berufe und Erwerbszweige entwickelt, lebten teilweise in Städten, nutzten Schrift und Zeitrechnung und führten Kunst und Wissen zu einer ersten Blüte. Darüber hinaus erkannte das ägyptische Volk die Herrschaft eines Königs und dessen Verwaltung und Rechtspflege an, die Ruhe und Ordnung im ganzen Reich garantierten. Dies alles gehört zu einer Lebensweise, die wir Hochkultur nennen und um 3000 v. Chr. entstanden war.

1. *Im alten Ägypten lernten in der Regel nur Beamtenkinder schreiben. Überlege, was es für die Menschen bedeutete, schreiben zu können, und vergleiche mit heute.*
2. *Verfasst den Brief eines Beamten an den Wesir, in dem er darlegt, was er im vergangenen Jahr während des Baus einer Pyramide getan hat.*

Aus den Stängeln der Papyrusstauden wurden zuerst dünne Streifen geschnitten. Damit das Mark nicht austrocknete, wässerte man die Streifen. Auf einer harten Unterlage wurden dann zwei Streifenlagen kreuzweise übereinander gelegt, geklopft und getrocknet. Schließlich wurde die Oberfläche der Lagen poliert und dann die entstandenen Blätter zu Schriftrollen zusammengeklebt.

M 1 Von den „heiligen Zeichen" zur Schrift.

Papyrus.

Schon um 3000 v. Chr. benutzten die Ägypter Schriftzeichen, die in der Regel als Silben zu lesen sind: die Hieroglyphen. Das Wort stammt aus dem Griechischen und heißt „heilige Zeichen".

Da das Schreiben mit Hieroglyphen aufwändig war, entwickelten die Ägypter für den alltäglichen Gebrauch eine einfachere Schrift, die von rechts nach links geschrieben wurde: das Hieratische. Für amtliche und religiöse Inschriften wurden bis zum 4. Jh. n. Chr. Hieroglyphen verwendet.

M 2 Ratschläge für Schüler

Der Text stammt aus einer Schrift, die um 2000 v. Chr. verfasst wurde und an Schreibschulen große Verbreitung fand.

Ich lasse dich die Schriften mehr lieben als du deine Mutter liebst. Ich führe dir ihre Schönheit vor Augen [...].
Kaum hat ein Schriftkundiger angefangen heranzuwachsen [...], so wird man ihn grüßen und als Boten senden; er wird nicht zurückkommen, um sich in den Arbeitsschurz zu stecken. [...]
Der Maurer baut; er ist immer draußen im Winde und baut im Arbeitsschurz; seine Arme stecken im Lehm, alle seine Gewänder sind beschmiert. Er muss sein Brot mit ungewaschenen Fingern essen. [...] Der Gärtner trägt das Joch, seine Schultern tragen die Wasserkrüge, eine große Last liegt auf seinem Nacken. [...] Er macht Feierabend erst, nachdem sein Leib angegriffen ist [...].
Der Weber ist innen in der Werkstatt, er hat es schlechter als eine Frau, die gebiert [...]. Wenn er den Tag verbracht hat, ohne zu weben, wird er mit fünfzig Peitschenhieben geschlagen [...]. Ich spreche dir auch von dem Fischer. Er ist elender dran als irgendein Beruf. Seine Arbeit hat er auf dem Fluss mitten unter den Krokodilen. [...]
Sieh, es gibt keinen Beruf, in dem einem nicht befohlen wird, außer dem des Beamten; da ist er es, der befiehlt. Wenn du schreiben kannst, wird dir das mehr Nutzen bringen als alle die Berufe, die ich dir dargelegt habe. Nützlich ist schon ein Tag in der Schule; und eine Ewigkeit hält die in ihr geleistete Arbeit vor [...].

Altägyptische Lebensweisheit, eingel. und übertr. von Friedrich W. Freiherr von Bissing, Zürich-München [2]1979, S. 57 ff.

M 3 Schreibgerät.

Geschrieben wurde mit Pinseln aus zerkauten Binsen und Tinte. Rote Tinte wurde aus Ocker gewonnen, schwarze aus Ruß.

M 4 Wie Papyrus hergestellt wird.

1. *Versetze dich in die Lage eines Schreibschülers und verfasse eine Antwort auf M 2.*
2. *Ist Papyrus Papier? Informiere dich über die Papierherstellung und vergleiche Papyrus mit Papier.*

Heilige Zeichen

M 1 „Ich hab's!"

Ein erfundenes Interview mit Jean François Champollion, dem im Jahr 1822 die Entzifferung der altägyptischen Schrift gelang:

Reporter: Monsieur Champollion, es wird inzwischen überall behauptet, dass Sie die Geheimnisse der altägyptischen Schrift gelüftet haben.
Champollion: Halt, halt! Das geht zu weit! Bis jetzt kann ich lediglich die Namen ägyptischer Könige entziffern.
Reporter: Nun gut. Aber vielleicht können Sie unseren Lesern erklären, wie Sie zu diesem sensationellen Erfolg gekommen sind.
Champollion: Durch Ausdauer, Kombinationsvermögen und Glück.
Reporter: Ist es richtig, dass Sie sich schon als Elfjähriger vorgenommen haben, das Rätsel der Hieroglyphen zu lösen?
Champollion: Ja. Das war vor ziemlich genau 21 Jahren. Damals habe ich eine Abbildung des Steines von Rosette gesehen, der wenige Jahre vorher bei Rosette in Ägypten gefunden worden war. Sie wissen, er enthält drei Texte: einen in griechischer Schrift, zwei in unbekannten ägyptischen Schriften. Ich bin von der Annahme ausgegangen, dass alle drei Texte denselben Inhalt haben, und bemühte mich, die beiden unbekannten Schriften zu entziffern.
Reporter: Das haben schon viele versucht. Wieso waren gerade Sie erfolgreich?
Champollion: Viele Gelehrte meinten, die Hieroglyphen seien eine reine Bilderschrift. Das ist falsch. Ich war schon seit langem überzeugt, dass die einzelnen Zeichen auch Laute darstellen können. Weitergeholfen hat mir meine Vermutung, dass Zeichen, die von einer so genannten Kartusche umschlossen werden, Königsnamen sind. Und diese Namen mussten ja auch im griechischen Text auf dem Stein von Rosette vorkommen und im Ägyptischen ähnlich klingen wie im uns bekannten Griechischen, so dass …
Reporter: So dass Sie „nur noch" die Texte miteinander vergleichen mussten, um festzustellen, ob die Zeichenfolge in den Namen ähnlich war.
Champollion: Genauso war es. Wenig später sah ich auf einem Obelisken eine neue Namenskartusche und auf Griechisch den Namen Kleopatra. Ich vermutete, dass die Kartusche ebenfalls diesen Namen enthielt. Und tatsächlich: Ich konnte die Kartusche mithilfe der auf dem Stein von Rosette identifizierten Buchstaben lesen! Heute bin ich in der Lage, ein beinahe lückenloses ägyptisches Alphabet zusammenzustellen.
Reporter: Das Rätsel der Hieroglyphen ist also gelöst!
Champollion: Noch lange nicht. Es bleibt noch viel zu erforschen, bis wir altägyptische Texte lesen können. Die Bedeutung vieler Zeichen ist uns heute noch unklar. Und wir wissen auch noch nichts über die Grammatik dieser Sprache. Vor allem aber werden wir niemals wissen, wie diese Sprache klang, wenn sie gesprochen wurde. Aber trotzdem: Wir sind auf dem richtigen Weg.

Dieter Brückner

M 3 Stein von Rosette, 196 v. Chr.
Höhe 118 cm, Breite 77 cm.
1798 wurde dieser Basaltstein in der im Nildelta gelegenen Stadt Rosette entdeckt.
Auf ihm ist ein Text in drei verschiedenen Schriften eingraviert: als Hieroglyphen, in Demotisch (eine Schrift, die im ausgehenden alten Ägypten benutzt wurde) und in Griechisch.
Der Name des Königs Ptolomaios ist oben in Hieroglyphen und unten in Griechisch geschrieben.

Lesetipp → *Rudolf Majonica, Das Geheimnis der Hieroglyphen, München 1988*

Internettipp → *Informationen und Beispiele der ägyptischen Schrift findest du unter www.hieroglyphen.de*

M 2 Die „Schlüssel" zur Entzifferung der altägyptischen Schrift.

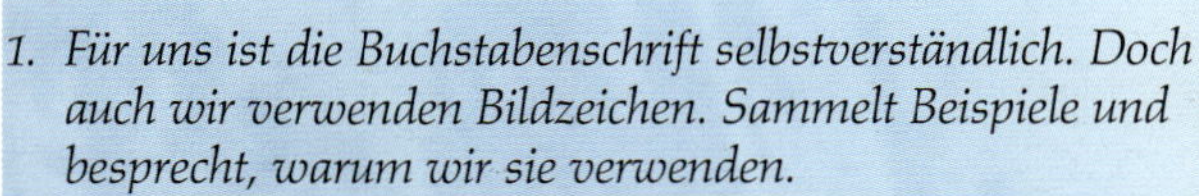

1. *Für uns ist die Buchstabenschrift selbstverständlich. Doch auch wir verwenden Bildzeichen. Sammelt Beispiele und besprecht, warum wir sie verwenden.*
2. *Verfasst einen Einkaufszettel mit den Zutaten eures Lieblingsessens, ohne dabei Buchstaben oder Zahlen zu verwenden.*
3. *Überlegt, was wir über das alte Ägypten nicht wüssten, wenn wir die Hieroglyphen nicht entziffern könnten.*

Das Volk des Pharao

Geschickte Handwerker
In Ägypten gab es ein hoch entwickeltes Handwerk, das von Männern und Frauen ausgeübt wurde. Bäcker, Metzger und Bierbrauer sorgten für Lebensmittel. Schreiner, Zimmerleute, Weber, Steinmetze, Schmiede und viele andere verarbeiteten Holz, Stein, Wolle oder Lehm. Auch Metalle oder Edelsteine, die man erst mühsam gewinnen oder aus fremden Ländern einführen musste, wurden verwendet. Die Ägypter stellten Geräte und Gegenstände zum täglichen Gebrauch wie Töpfe und Kleidungsstücke her, aber auch Luxuswaren wie prächtige Möbel oder wertvollen Schmuck.

Wer kann sich das leisten?
Die meisten Handwerker arbeiteten in den großen Betrieben der königlichen Höfe oder Tempel. Die Pharaonen, Wesire, Schreiber und Priester gaben ihnen die Aufträge. Denn sie legten Wert auf eine außergewöhnliche Lebensführung und prachtvolle Ausstattung ihrer Häuser und Grabstätten. Ihre Untertanen stellten selbst her, was sie für ihr einfaches Leben brauchten, und gingen sorgfältig damit um. Nur selten konnten sie sich die Dienste von umherziehenden Handwerkern leisten.

1 In den königlichen Werkstätten.
Grabmalerei, um 1380 v. Chr.
Von oben links nach rechts unten: Ein Goldschmied wiegt Gold ab. Drechsler arbeiten an Djed-Zeichen (Symbole der Dauer). Zwei Juweliere zeigen die fertigen Waren. Welche anderen Handwerker kannst du erkennen?

2 Goldener Armreif, um 1530 v. Chr.
Das Schmuckstück zeigt die geiergestaltige Göttin Oberägyptens: Nechbet. Die Flügel umspannen schützend den Arm; das Zeichen in den Klauen steht für die Ewigkeit.

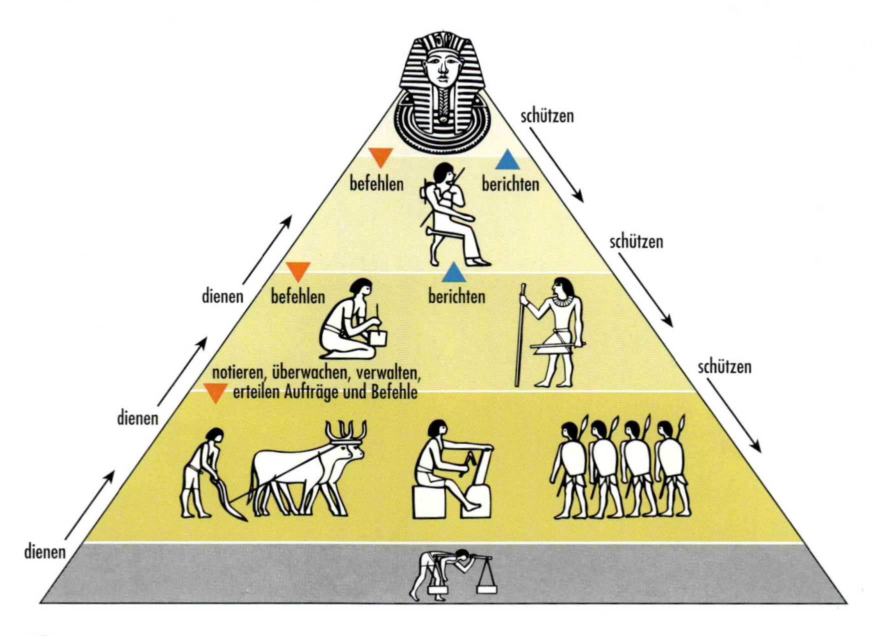

4 Die Gesellschaft in Ägypten.
Nicht alle Menschen und Berufe galten in Ägypten gleich viel. Es bestand eine **Hierarchie**, *eine streng von oben nach unten gegliederte Rangordnung in der Gesellschaft.*
Dieses Schaubild zeigt dir das. Deine Aufgabe ist es, die Grafik zu erläutern.
Finde zunächst heraus, was dargestellt ist. Beschreibe dann die Beziehungen der Menschen zueinander (Aufgaben und Pflichten) und nenne ihren Rang.
Die Form dieser Grafik ist von Bedeutung. Nenne den Grund, weshalb ein Dreieck gewählt wurde. Überlege, welche Vorteile ein Schaubild gegenüber einem Text hat?

LERNTIPP

Die Bauern

Die meisten Ägypter lebten als Bauern auf dem Lande. Während der jährlichen Überschwemmungen mussten sie beim Bau der Pyramiden, Paläste oder Tempel helfen. Nach dem Ende der Flut gingen sie auf ihre Felder und pflügten den feuchten Schlamm mit Ochsen. Bei der Aussaat des Getreides nahmen sie zum Festtreten der Saat Schafe oder Schweine mit auf die Äcker. Mit Eseln brachten sie die Ernte zu den Speichern.
In den Gärten wurden zahlreiche Obst- und Gemüsesorten angepflanzt, darunter Feigen, Datteln, Äpfel, Linsen, Zwiebeln und Bohnen. Auch Wein wurde angebaut. Die Ägypter hielten Geflügel und Kleinvieh. In den Sumpfgebieten züchteten sie Wasserbüffel.

Gering geachtet

Das Leben der Bauern war nicht leicht. Das Land, das sie bebauten, gehörte ihnen nicht. Neben dem König besaßen Prinzen, verdiente Beamte oder auch Tempel große Ländereien, die ihnen die Könige überlassen hatten. Die Eigentümer forderten von den Bauern Abgaben. Einen Teil der Erträge mussten sie als Steuer an den König abliefern. Den Bauern blieb daher manchmal kaum etwas zum Leben. Manche flüchteten, um dieser trostlosen Lage zu entgehen. Sie schlossen sich Räuberbanden an oder zogen in die Stadt, um dort Arbeit zu suchen. Oft endeten sie als Bettler.

3 Vom Korn zum Mehl.
Kalksteinfigur (26 cm hoch), um 2400 v. Chr. Getreide wurde von Hand gemahlen.

Wie lebten die Frauen?

In den ägyptischen Quellen begegnen uns Frauen häufig als Weberinnen, Spinnerinnen, Tänzerinnen und Musikantinnen, beim Bierbrauen und Brotbacken. Die meisten Frauen waren also im Haus tätig. Selten finden sich Hinweise auf Schreiber- oder Priesterinnen.
Am meisten wissen wir heute von den Frauen, die auf den Königsthron kamen oder Gattinnen von Pharaonen wurden.
Die Ägypterinnen waren den Ägyptern in vieler Hinsicht rechtlich gleichgestellt. Sie konnten Verträge abschließen, vor Gericht klagen oder Zeugnis ablegen, die Vormundschaft über ein Kind übernehmen und ihren eigenen Besitz vererben. Den Besitz ihrer verstorbenen Männer durften die Witwen aber nur verwalten, bis die Kinder das Erbe der Väter übernehmen konnten.

Die Sklaven

Früher wurde behauptet, **Sklaven** hätten die Pyramiden gebaut. Dies ist falsch, denn es gab im 3. Jahrtausend v. Chr. bei den Ägyptern nur wenige Menschen, denen man ihre Freiheit genommen hatte und die ohne Rechte waren. Erst seit dem 2. Jahrtausend v. Chr. wurden vermehrt Kriegsgefangene versklavt.
Der Königshof, die Tempel und reiche Privatleute kauften Sklaven. Sie wurden zum Eigentum ihrer Käufer, die sie beschäftigen, verkaufen, vermieten und vererben durften. Die Sklaven der Ägypter hatten das Recht auf Leben und Gesundheit. Außerdem konnten sie freigelassen werden.

M 1 Getreideernte.
Grabmalerei, um 1400 v. Chr.
Oben links: Ablieferung des Getreides.

M 2 „Zeig uns das Getreide!"
In verschiedenen Papyri des 12. Jahrhunderts v. Chr. beschreibt ein Schreiblehrer seinen Schülern die Lage der Bauern:

Denk an die missliche Lage, in die der Bauer gerät, wenn die Beamten kommen, um die Erntesteuer zu schätzen, und die Würmer die Hälfte der Ernte vernichtet und die Nilpferde den Rest verschlungen haben. Die gefräßigen Spatzen bringen dem Bauern großes Unglück. Das auf dem Dreschboden verbliebene Getreide ist fort, Diebe haben es gestohlen. Was er für den gemieteten Ochsen schuldet, kann er nicht bezahlen, und die Ochsen sterben ihm weg, erschöpft durch das Übermaß an Pflügen und Drescharbeit. Und genau dann legt der Schreiber am Flussufer an, um die Erntesteuer zu schätzen. Bei sich hat er ein Gefolge von Bediensteten und Nubier* mit Palmruten. Sie sagen: „Zeig uns das Getreide!" Aber es gibt keines, und der Bauer wird gnadenlos geschlagen. Dann wird er gebunden und mit dem Kopf voran in einen Teich getaucht, bis er fast ertrunken ist. Seine Frau wird vor seinen Augen gefesselt, und seine Kinder werden ebenfalls gebunden.

Sergio Donadoni, Der Mensch des Alten Ägypten, Frankfurt/M. 1992, S. 36

*__Nubier__: *Krieger aus Nubien*

1. *Untersuche M 1 und M 2 und finde heraus, worin sie übereinstimmen.*
2. *Ein ägyptischer Bauer entschließt sich, seine Felder zu verlassen. Nenne mögliche Gründe (M 1 und M 2).*

M 3 Königin Hatschepsut.
Standfigur aus Rosengranit, um 1500 v. Chr. Zu den vier bekannten Herrscherinnen Ägyptens gehört die Königstochter Hatschepsut. Da ihr Vater keine Söhne hatte, wurde zunächst ihr Mann König. Nach seinem Tod übernahm Hatschepsut die Herrschaft für ihren noch unmündigen Sohn. Sieben Jahre später ließ sie sich jedoch selbst zum König erklären, ihr Sohn wurde Mitherrscher. Hatschepsut regierte 21 Jahre bis zu ihrem Tod 1468 v. Chr.

M 4 Familiengruppe.
Grabbeigabe, um 2500 v. Chr.

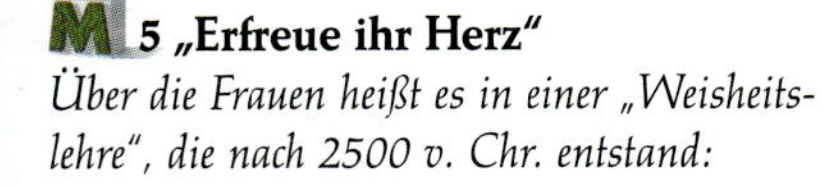

M 5 „Erfreue ihr Herz"
Über die Frauen heißt es in einer „Weisheitslehre", die nach 2500 v. Chr. entstand:

Wenn es dir gut geht, gründe ein Haus und liebe deine Frau, fülle ihren Bauch und kleide ihren Rücken, Salben sind ein Heilmittel ihrer Glieder, erfreue ihr Herz solange du lebst, sie ist ein fruchtbarer Acker für ihren Herren. Streite nicht mit ihr vor Gericht. Halte sie fern, Macht zu haben.

Sergio Donadoni, Der Mensch des Alten Ägypten, a.a.O., S. 365

M 6 „Ach, du Schöne …"
Ein Nachruf auf eine verstorbene Frau, der um 1200 v. Chr. geschrieben wurde.

Ach, du Schöne ohnegleichen, du, die du das Vieh nach Hause brachtest, dich um unser Feld kümmertest, während alle Arten schwerer Lasten auf dir ruhten, obwohl es für sie keine Stütze gab, sie abzusetzen.

Sergio Donadoni, Der Mensch des Alten Ägypten, a.a.O., S. 365

1. *Nenne das Besondere an der Darstellung der Königin (M 3). Welche Gründe mögen für die Gestaltung der Figur wichtig gewesen sein? Vergleiche dazu M 3 mit Abb. 1, Seite 43.*
2. *Betrachte die Familie (M 4) und lies M 5 und M 6. Überlege, welcher der beiden Texte auf das dargestellte Ehepaar zutreffen könnte.*
3. *Welcher Rangstufe in der Gesellschaft (siehe Abb. 4, Seite 51) würdest du die in M 5 und M 6 angesprochenen Frauen zuordnen? Begründe.*

Götter, Glaube, Tempel

1 Die Götter kommen.
Rekonstruktionszeichnung.
Gezeigt wird der Einzug von Götterbildern in den Tempel von Luxor, wie er um 1200 v. Chr. während eines Festes stattgefunden haben könnte.
Im Hintergrund der Tempeleingang. Die beiden turmartigen Torbauten sind mit Reliefs geschmückt, davor stehen zwei Obelisken, in deren vergoldeten Spitzen sich die Sonne spiegelt, und Statuen, die an den königlichen Bauherrn Ramses II. erinnern.
Im Vordergrund tragen Priester auf Gestellen Barken. Auf diesen Schiffen befanden sich Götterbilder in Schreinen (sie sind hier nicht zu sehen). Unter ihnen die Statue des Reichsgottes Amun, der als Erneuerer der Welt, König der Götter und Herrscher im Himmel und auf Erden verherrlicht wurde.
Einmal im Jahr wurden sein Standbild und die Bilder anderer Götter während des Hochwassers auf dem Nil von dem Heiligtum Karnak für wenige Tage nach Luxor gebracht.
Das Volk begleitete die Prozession vom Fluss zum Heiligtum, das nur die Priester und der Pharao betreten durften.
Übrigens: Im Tempel wurden die Götterbilder in besonderen Räumen, dem Allerheiligsten, aufbewahrt und täglich von Priestern nach genauen Vorschriften (Zeremonien) gespeist, gewaschen, geschminkt und gekleidet.

Alles hat eine Seele
Wenn der Nil nicht mehr genug Wasser führte, Heuschrecken die Ernte vernichteten, Krankheiten bei Menschen und Tieren wüteten oder Feinde über die Grenzen vordrangen, dann glaubten die Ägypter, dass sich die Götter von ihnen abgewandt hätten. Allein durch fromme Handlungen hofften sie, die Götter wieder günstig stimmen zu können.
Für die Ägypter hatte alles eine Seele: Menschen, Tiere, Pflanzen, Luft, Wasser, Gestirne usw. Vor allem in Tieren (z.B. in Stieren, Kühen, Nilpferden, Krokodilen, Falken oder Käfern) sahen sie göttliche Kräfte. Auch in Menschengestalt oder als Mischgestalt mit Menschenleib und Tierkopf stellten sie sich Götter vor.

Der Glaube

Im Laufe ihrer langen Geschichte veränderten die Ägypter ihre **Religion**, ihre Vorstellungen von den Göttern und die Art sie zu verehren. Ihren Polytheismus (von gr. *poly*: viel, und *theos*: Gott) behielten sie aber bei. Zu den Göttern, die sie schon lange in bestimmten Landesteilen und Orten verehrt hatten, kamen nach der Einigung Ober- und Unterägyptens neue „Reichsgötter". Für sie alle gab es zahllose Tempel.

Die Heiligtümer und ihre Priester waren für das Wohl des Landes verantwortlich. Daher gaben die Herrscher den Tempeln stets den größten Anteil der Kriegsbeute und viel Land.

Die großen Tempelanlagen waren Mittelpunkte des religiösen, wirtschaftlichen und kulturellen Lebens. Einige glichen abgeschlossenen Städten, in denen es neben den Gotteshäusern Schulen, Bibliotheken, Speicher, Werkstätten und Wohnungen gab. Hier lebten Priester, Gelehrte, Ärzte, Künstler, Schreiber, Handwerker, Aufseher, Bauern und Sklaven.

Reisen mit dem Sonnengott

Die Ägypter glaubten an ein Leben nach dem Tod. Starb ein Mensch, trennten sich ihrer Ansicht nach zwar Seele, Geist und Lebenskraft vom Körper. Sie galten aber als unvergänglich.

Die Menschen am Nil meinten, die Lebenskräfte könnten eine Verbindung mit dem Sonnengott eingehen. Und wenn dieser allabendlich beim Sonnenuntergang in die Unterwelt fuhr, würde er sie auf seinem Boot mitnehmen. Nacht für Nacht wären dann Lebenskräfte und Körper wieder vereinigt und wohnten bis zum Sonnenaufgang in ihren Gräbern.

In späteren Zeiten glaubten die Ägypter auch, dass die von den Göttern für unsterblich erklärten Menschen in einem Paradies frei von Sorgen, Mühen und Ängsten leben würden.

Gut vorbereitet für die Ewigkeit

Allerdings war das Leben nach dem Tode an zwei Bedingungen geknüpft: Der Verstorbene musste sich einem Totengericht vor *Osiris* stellen, dem Herrscher im Jenseits, und sein Leib musste unversehrt sein.

Während der normale Ägypter im heißen Wüstensand beerdigt wurde, wo sein Leichnam rasch austrocknete und so vor Verwesung geschützt war, warf man die Ärmsten manchmal einfach in den Nil. Da der Fluss als Gottheit verehrt wurde, hoffte man, sie werde für die Toten sorgen. Könige, Vornehme und alle, die es sich leisten konnten, ließen ihren toten Körper einbalsamieren und als Mumie beisetzen. Dazu errichteten sie aufwändige Grabanlagen. Um Königsgräber herum und an bevorzugten Begräbnisstellen entstanden Totenstädte.

2 Schiffsmodell.
Grabbeigabe aus Holz, um 2000 v. Chr. Das Modell ist 69 cm hoch, 32 cm breit und 86 cm lang und der Nachbau eines Reiseschiffes; es befindet sich im Roemer- und Pelizaeus-Museum in Hildesheim.
Der Aufwand für die vielen Dinge, die den Toten ins Grab gegeben wurden, war für den größten Teil der Bevölkerung nicht aufzubringen. Deshalb wurde nach Ersatz gesucht: Modelle und Abbildungen standen für das Original, und man hoffte, dass sie wirksam seien.

An den Wänden der Gräber, auf den Särgen und in Schriften rühmten Bilder und Texte die Taten und Leistungen der Verstorbenen, damit sie den Tod überwinden und göttliche Unsterblichkeit erlangen konnten. Reiche Grabbeigaben sollten den Weg ins Jenseits angenehm machen.

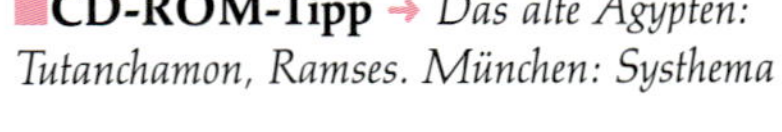
CD-ROM-Tipp → *Das alte Ägypten: Tutanchamon, Ramses. München: Systhema*

3 Uschebti-Figuren.
Etwa ab 1700 v. Chr. gaben die Ägypter den Toten kleine Figuren aus Stein, Ton, Wachs oder Holz als Diener mit ins Grab. Sie sollten im Jenseits für sie arbeiten und ihnen dort ein Leben ohne Mühsal ermöglichen.

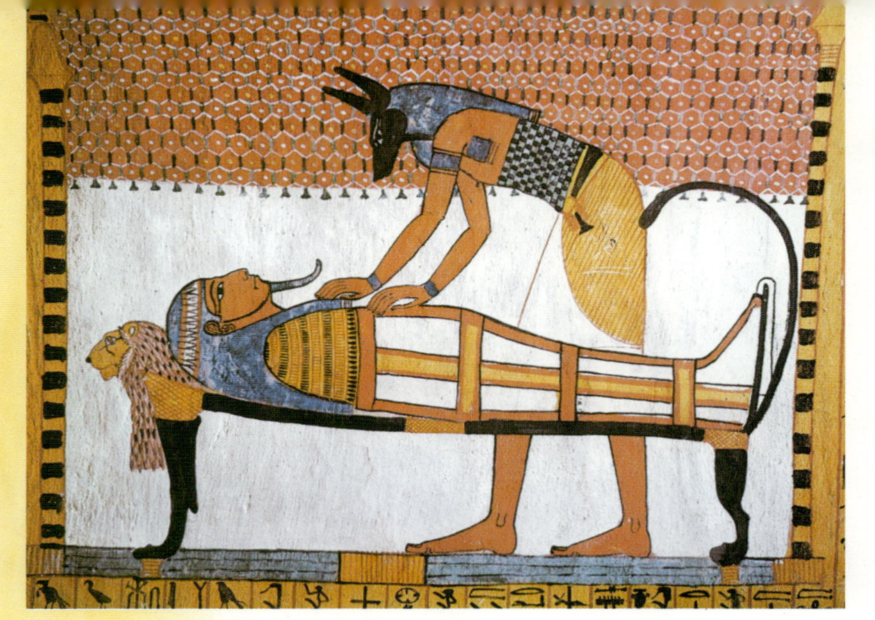

M 2 Anubis versorgt eine Mumie.
Grabmalerei, um 1200.
Hier ist ein Priester mit Schakalkopfmaske tätig. Der schakalköpfige Anubis galt als Balsamierungsgott, Wächter der Geheimnisse und Totenrichter.

M 1 Ein Körper für die Ewigkeit

Der königliche Baumeister Cha stirbt um das Jahr 1400 v. Chr. Sein Grab in einem Friedhof nahe der damaligen Hauptstadt Theben zählt zu den ganz wenigen, die vor ihrer Entdeckung im 20. Jahrhundert nicht von Grabräubern geplündert worden waren.
In den letzten Stunden, bevor der mumifizierte Körper Chas in den Sarg gelegt wurde, könnte sich Folgendes abgespielt haben:

„Ehrlich gesagt weiß ich nicht so ganz genau, was die Balsamierer seit über 1000 Jahren machen. Sie tun sehr geheimnisvoll. Und der Mumie, die sie einem nach 70 Tagen wieder ins Haus bringen, kann man ja nicht ansehen, was sie mit ihr angestellt haben. –"
5 So aufmerksam hatte Antef seinem Großvater Hetep schon lange nicht mehr zugehört. Dieser erzählte ihm nämlich gerade, was in den letzten zweieinhalb Monaten mit dem verstorbenen Großonkel Cha geschehen war. Hetep fuhr fort: „Aber so viel hat mir einmal ein Freund verraten: Zuerst waschen sie den Toten und ziehen ihm dann das Gehirn mit einem eisernen Haken durch die Nase heraus; da-
10 nach schneiden sie die linke Bauchseite auf, um die Eingeweide zu entnehmen, die in eigenen Gefäßen bestattet werden. Nur das Herz, den Sitz unseres Denkens und Fühlens, lassen sie im Körper. Anschließend behandeln sie den Leichnam mit Natronsalz, damit er völlig austrocknet. Dies dauert wohl einige Wochen. Erst dann umwickeln die Balsamierer alle Körperteile sorgfältig mit harzgetränkten Lei-
15 nenbinden. Ich habe angeordnet, dass sie mindestens tausend Meter davon verwenden sollen. Für einen angesehenen Mann, wie es dein Großonkel Cha war, ist das nur recht und … – Pass doch auf, du Tölpel!" Ein lautes Krachen hatte Hetep unterbrochen. Er war nun außer sich über die Unachtsamkeit des Dieners. „Wenn du den wertvollen Lehnstuhl beschädigst, können wir ihn meinem Bruder Cha
20 nicht mehr ins Grab mitgeben. Das ist Elfenbein!" Geschäftig lief er zwischen den Gegenständen umher, die im Hof seines Hauses aufgebaut waren, und verglich mit einer Liste. „Wir dürfen nichts vergessen. Das bin ich meinem Bruder schuldig. Er muss alles in seinem Grab vorfinden, was er im Jenseits braucht. Du da, gib Acht! Die goldene Elle ist ein Geschenk des Königs. Sorge dafür, dass sie nachher von al-
25 len Leuten gesehen werden kann, wenn wir die Sachen durch die ganze Stadt zum Grab tragen. Die Leute sollen merken, dass wir nicht irgendwer sind. – Horch, Antef! Hörst du die Klageweiber, die ich bestellt habe? Geh und hole die ganze Familie heraus, sie bringen die Mumie!"

Erzählt von Dieter Brückner; die Angaben zur Mumifizierung nach: Renate Germer, Das Geheimnis der Mumien. Ewiges Leben am Nil, München – New York 1997, S. 20 ff.

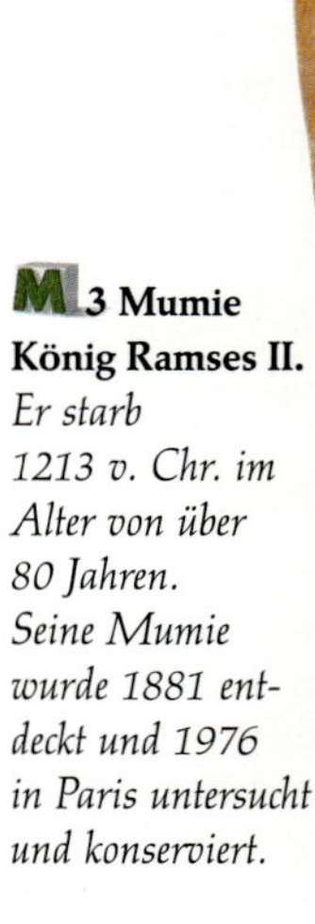

M 3 Mumie König Ramses II.
Er starb 1213 v. Chr. im Alter von über 80 Jahren. Seine Mumie wurde 1881 entdeckt und 1976 in Paris untersucht und konserviert.

M 4 Kanope.
Gefäß für die Eingeweide, um 1200 v. Chr.

M 5 Der Mund des Toten wird geöffnet.
Aus einem Papyrus, um 1300 v. Chr.
Die Zeremonie der Mundöffnung war der Höhepunkt eines jeden Begräbnisses. Bevor die Mumie in den Sarg gelegt und das Grab verschlossen wurde, berührte ein Priester den Mund des Toten mit einem speziellen Gerät, damit der Verstorbene im Jenseits sprechen, essen und seinen Geschmackssinn gebrauchen konnte.

M 6 Was Cha mitgegeben wurde
Ein italienischer Forscher entdeckt 1906 im Tal der Könige das Grab des Architekten Cha. Verwandte und Freunde haben Cha unter anderem folgende Sachen mit ins Grab gegeben:

Kleine Holzfigur des Cha, Totenbuch, 2 Uschebti-Figuren, 1 Truhe (darin u.a.: 5 Rasiermesser, Zange, Schleifstein, Alabastergefäß mit Salbe, 2 bronzene Nadeln, hölzerner Kamm, 2 Fußringe aus Email, Feldflasche, Emailbecher, 2 Schreibpaletten mit Pinsel, Schreibtäfelchen, Elle, Futteral für eine Waage, Bohrer, Schreineraxt, Bronzemeißel, 3 Paar Ledersandalen, Reisematte, mehrere Spazierstöcke, Behälter mit Toilettenutensilien), Wäschetruhe (darin: ca. 50 Unterhosen, 26 Lendenschurze, 17 Sommergewänder, 1 Wintergewand, 4 Leinentücher), Stuhl mit Lehne, 11 Hocker, 6 Tische, 2 Betten mit Kopfstützen, 13 Truhen, Betttücher, Handtücher, Teppiche, Öl, Wein, Brot, Mehl, Milch, geröstete und gesalzene Vögel, gesalzenes Fleisch, getrockneter Fisch, geschnittenes Gemüse, Zwiebeln, Knoblauch, Kümmel, Wacholder, Trauben, Datteln, Feigen, Nüsse, Brettspiel, Elle aus Gold.

Zusammengestellt nach: Das ägyptische Museum Turin, Mailand 1988, S. 85 ff.

M 7 Truhe des Cha.
Bemaltes Holz, um 1400 v. Chr.
In dieser Truhe lag Wäsche.

M 8 Lehnstuhl des Cha.
Bemaltes Holz, um 1400 v. Chr.

Internettipp → *Zum Thema Mumien – Gräber – Kostbarkeiten siehe www.mumien.de*

1. *Liste die einzelnen Schritte der Einbalsamierung und des Begräbnisses auf (M 1, Seite 56, und M 5).*
2. *Ordne die Grabbeigaben (M 6) nach ihrem Verwendungszweck.*
3. *Erläutere an Beispielen, wieso wir gerade dem Jenseitsglauben und den Begräbnisbräuchen der Ägypter wichtige Informationen über ihren Alltag verdanken.*

M 1 Die „große Prüfung“: das Totengericht.

Ausschnitt aus dem „Totenbuch“ des Schreibers Hunefer, Papyrus (39 cm hoch), um 1300 v. Chr.
Die Ägypter schmückten die Wände ihrer Grabkammern mit Bildern und Inschriften. In ähnlicher Weise verzierten sie Särge. Besonders sorgfältig gestalteten sie „Totenbücher“, die sie den Mumien in den Sarg legten. Denn sie enthielten die richtigen Antworten, die der Verstorbene auf die Fragen des Totengerichts geben musste.
Die ägyptischen Künstler zeichneten und malten über dreitausend Jahre nach den gleichen strengen Regeln. Derjenige galt als Meister, der den alten Vorbildern am meisten entsprach.

M 2 „Ich bin rein …“

In einem Totenbuch, das um 1500 v. Chr. entstanden ist, legt ein Verstorbener folgendes Bekenntnis ab:

Ich habe kein Unrecht gegen Menschen begangen, und ich habe keine Tiere misshandelt.
Ich habe nichts „Krummes“ an Stelle von Recht getan. […]
Ich habe keinen Gott beleidigt. […]
Ich habe kein Waisenkind an seinem Eigentum geschädigt.
Ich habe nicht getan, was die Götter verabscheuen.
Ich habe keinen Diener bei seinem Vorgesetzten verleumdet.
Ich habe nicht Schmerz zugefügt und niemanden hungern lassen, ich habe keine Tränen verursacht.
Ich habe nicht getötet, und ich habe auch nicht zu töten befohlen; niemandem habe ich ein Leid angetan.
Ich habe am Hohlmaß nichts hinzugefügt und nichts vermindert, ich habe das Flächenmaß nicht geschmälert und am Ackerland nichts verändert.
Ich habe zu den Gewichten der Handwaage nichts hinzugefügt und das Lot der Standwaage nicht verschoben.
Ich habe die Milch nicht vom Mund des Säuglings fortgenommen, ich habe das Vieh nicht von seiner Weide verdrängt. […]
Ich bin rein, ich bin rein, ich bin rein, ich bin rein!

Nach: Altägyptische Dichtung, ausgew., übers. und erl. von Erik Hornung, Stuttgart 1996, S. 121 ff.

LERNTIPP

Bilder können sprechen

Bilder können uns Geschichten erzählen und uns etwas über die Zeiten mitteilen, in denen sie entstanden sind. Du kannst sie zum Sprechen bringen, indem du Fragen an sie stellst. Nicht alle lassen sich bei jedem Bild beantworten. Oft musst du weitere Informationen einholen. Du kannst bei der Arbeit mit Bildern in drei Schritten vorgehen:

1. Beschreibe das Bild!

- Welche Personen erkennst du auf dem Bild?
- Was tun die Personen?
- Wie sind sie gekleidet?
- Haben sie Gegenstände bei sich?
- Kannst du weitere Dinge oder Tiere auf dem Bild erkennen?
- Wie wirkt das Bild auf dich?

2. Erkläre die Zusammenhänge!

- Ist auf dem Bild etwas hervorgehoben? Woran erkennst du das?
- Wie sind die Personen dargestellt? Fällt dir dabei etwas auf? Sind es wirkliche Personen, oder stehen sie für etwas?
- In welcher Beziehung zueinander sind die Personen dargestellt?

3. Finde heraus, warum das Bild „gemacht" wurde!

- Wann und wo wurde das Bild geschaffen oder veröffentlicht?
- Hat es ein besonderes Format?
- Wer hat den Auftrag dazu gegeben?
- Zu welchem Zweck wurde es hergestellt?
- Was sollte es dem Betrachter sagen?
- Welche Ereignisse und Vorstellungen haben für die Darstellung eine Bedeutung? Kannst du sie auf dem Bild wiederfinden?
- Erzähle, was das Bild dir sagt.

1. *Betrachte M 1 und erzähle nach, wie das Totengericht ablief. Dazu musst du die Zeichnung von links nach rechts wie einen Comic lesen.*
2. *Beim Totengericht mussten sich die Verstorbenen vor den Göttern für ihr Leben rechtfertigen. Diese Rechtfertigung wurde in einem „Totenbuch" (M 2) aufgeschrieben. Der Verstorbene wollte damit den Göttern beweisen, dass er sich an ihre Gebote gehalten hatte. Lies aus dem „Totenbuch" die Gebote heraus, an die sich die Ägypter halten mussten, und schreibe sie auf.*
3. *Spielt mit verteilten Rollen ein Streitgespräch: Beim Totengericht tritt der verstorbene Bauer, von dem M 2 auf Seite 52 berichtet, hinzu und klagt den Toten, einen hohen Beamten des Königs, an.*
   Welche Vorwürfe wird er ihm machen? Wie könnte sich der Beamte zu rechtfertigen versuchen? Wie würde des Ergebnis des Totengerichts für ihn ausfallen?

LERNTIPP

Mesopotamien – Land zwischen den Strömen

Erste Städte an Euphrat und Tigris

Auch an den Flüssen Euphrat und Tigris schufen die Menschen etwa zur selben Zeit wie am Nil eine Hochkultur.
Die Griechen nannten das Gebiet später *Mesopotamien*, d.h. „Land zwischen den Strömen" oder „Zweistromland".
Während im Norden des Landes der Regen ausreichte, um Ackerbau zu betreiben, brachten im Süden die Trockenperioden und die unregelmäßigen Überschwemmungen die Menschen auf die Idee, die Felder für Getreide- und Gemüseanbau künstlich zu bewässern. Die hohen Erträge lohnten den Aufwand. Die Überschüsse förderten Handel und Handwerk.
Vermutlich sogar etwas früher als in Ägypten entstanden in Mesopotamien Städte. Sie wurden von Tempelanlagen beherrscht, deren oberste Priester gleichzeitig Könige waren. Als Vertreter des Stadtgottes auf Erden besaßen sie alles Land und Vieh. Sie waren oberste Richter und Feldherrn. Ihre Beamten und Priester ließen Vorräte anlegen, organisierten den Bau von Tempeln, Straßen und Stadtmauern sowie die künstliche Bewässerung. Sie förderten den Fernhandel, überwachten die Arbeiten der Bauern und Handwerker und trieben die Steuern ein. Tempelherrschaft und -wirtschaft bildeten die Grundlage dieser kleinen Staaten.

Eroberer und Reiche

Die ersten dieser Stadtstaaten gründeten die *Sumerer*, die vor 3100 v. Chr. in Mesopotamien einwanderten. Ihnen folgten die *Akkader*, die um 2300 v. Chr. mehrere Tempelstädte eroberten und sie erstmals zu einem Reich zusammenschlossen. Anders als in Ägypten hielt sich dieses Reich nicht lange. Die Städte bildeten bald wieder eigene Staaten. In den folgenden Jahrtausenden entstanden immer wieder neue Reiche. Sie wurden zum Teil von Völkern gegründet, die in das fruchtbare Land zwischen den Strömen eingedrungen waren. Bis zum 4. Jh. v. Chr. herrschten in Mesopotamien unter anderem *Assyrer, Aramäer, Babylonier* und *Perser*.

Eine ungewöhnliche Quelle

Von den verschiedenen Staaten im Zweistromland wissen wir aus archäologischen Funden und schriftlichen Quellen. Auch die Bücher des *Alten Testaments* berichten von ihnen. Die Urväter des Volkes Israel* stammten aus Mesopotamien. Die Erinnerung an das fruchtbare Zweistromland lebte in biblischen Erzählungen fort: in der Erzählung vom *Garten in Eden* (*Garten in der Steppe*), der den Israeliten wie ein **Paradies** vorkam, in den Geschichten von der Sintflut und vom Turmbau in Babel (Babylon).

**Lies dazu Seite 62 f.*

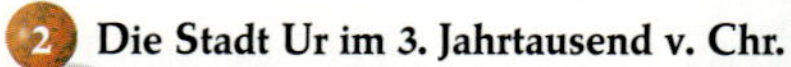

2 Die Stadt Ur im 3. Jahrtausend v. Chr.
Ausschnitt aus einer Rekonstruktionszeichnung von Rob Wood.
In Ur lebten zeitweise mehr als 30 000 Sumerer.

Die Kultur blüht

Schon die sesshaften Ackerbauern der späten Steinzeit erfanden in Mesopotamien die luftgetrockneten Lehmziegel und die feuergebrannte Keramik. Im 5. Jahrtausend v. Chr. lernten sie Kupfer zu bearbeiten, im frühen 3. Jahrtausend dann Bronze herzustellen. Rad, Wagen, Pflug und die schnell drehende Töpferscheibe wurden in Mesopotamien erfunden.
Aus Bildzeichen, die mit einem Rohr in feuchte Tontäfelchen geritzt wurden, entwickelten die Sumerer im Laufe von Jahrhunderten die erste Schrift. Sie war um 2700 v. Chr. vollständig ausgebildet und wird von den Geschichtswissenschaftlern nach der Form ihrer Zeichen als **Keilschrift** bezeichnet.
Die Sumerer konnten Fläche und Umfang von Kreisen berechnen; sie beobachteten die Sterne, um ihren Kalender zu kontrollieren und die Zukunft vorhersagen zu können. Ihr Zahlensystem beruhte nicht wie unseres auf der Zahl zehn, sondern auf der Zahl sechzig.

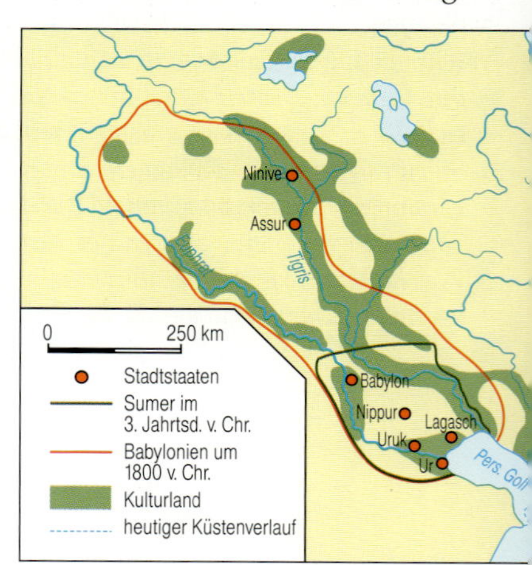

1 Hochkulturen in Mesopotamien.

M 1 „Auge um Auge, Zahn um Zahn!"

Zu den wichtigsten Zeugnissen der altorientalischen Geschichte gehören die Gesetze des Königs Hammurabi aus Babylon (siehe M 2). Hier eine Auswahl:

Wenn jemand als Belastungszeuge in einem Prozess, der ums Leben geht, auftritt und das, was er aussagt, nicht beweisen kann, dann soll er getötet werden. [...]
Wenn jemand den Tempel oder den König bestiehlt, so soll er getötet werden; auch wer das Gestohlene von ihm angenommen hat, soll getötet werden. [...]
Wenn jemand den unerwachsenen Sohn eines andern stiehlt, so wird er getötet. [...]
Wenn jemand Raub begeht und ergriffen wird, so wird er getötet. [...]
Wenn jemand zu faul ist, seinen Damm instand zu halten und dadurch ein Feld überschwemmt wird, so soll er den Schaden ersetzen. [...]
Wenn jemand eine Ehefrau nimmt, aber keinen Vertrag mit ihr abschließt, so ist dieses Weib nicht seine Ehefrau. [...]
Wenn jemand ein Kind als Sohn annimmt und großzieht, so soll dieser Großgezogene nicht zurückverlangt werden können.
Wenn ein Sohn seinen Vater schlägt, soll man ihm die Hände abhauen.
Wenn jemand einem andern das Auge zerstört, so soll man ihm sein Auge zerstören.
Wenn er einem andern einen Knochen zerbricht, so soll man ihm einen Knochen zerbrechen.
Wenn jemand die Zähne eines andern von seinesgleichen ausschlägt, soll man ihm seine Zähne ebenfalls ausschlagen.
Wenn jemandes Sklave die Backe eines Freien schlägt, soll man ihm sein Ohr abschneiden. [...]
Wenn jemand die Tochter eines anderen geschlagen hat [...] und diese stirbt, so tötet man seine Tochter.
Wenn jemand die Sklavin eines Mannes geschlagen hat und diese stirbt, so zahlt er eine Geldstrafe.
Wenn der Baumeister für jemanden ein Haus baut und es nicht fest ausführt und das Haus, das er gebaut hat, einstürzt und den Eigentümer totschlägt, so soll jener Baumeister getötet werden.

Aus dem Nachwort:

Hammurabi, der schützende König bin ich. [...] Dass der Starke dem Schwachen nicht schade, um Witwen und Waisen zu sichern, um das Recht des Landes zu sprechen, die Streitfragen zu entscheiden, die Schäden zu heilen, darum habe ich meine kostbaren Worte auf meinen Denkstein geschrieben, vor meinem Bildnisse, als dem des Königs der Gerechtigkeit, aufgestellt.
Für später, ewig und immerdar: Der König, der im Lande ist, soll die Worte der Gerechtigkeit, die ich auf meinen Gedenkstein geschrieben, beobachten, die Entscheidungen, die ich verfügt habe, soll er nicht ändern, mein Denkmal nicht beschädigen.
Hammurabi, der König der Gerechtigkeit, bin ich.

Gottfried Guggenbühl, Quellen zur Geschichte des Altertums, neu bearb. von Hans C. Huber, Zürich 1964, S. 10 ff. und Hartmut Schmöker, Hammurabi von Babylon, München 1958, S.99 f. (vereinfacht)

M 2 Die Gesetze des Königs Hammurabi von Babylon.

Um das Jahr 1700 v. Chr. ließ er 282 Gesetze auf einer über zwei Meter hohen Granitsäule einmeißeln. Oben ist der betende König zu sehen. Vor ihm thront der Sonnengott Schamasch, der zugleich Gott des Rechts war.

1. *Das Recht in Babylon war um 1700 v. Chr. streng und grausam. Stelle Beispiele aus M 1 zusammen. Versuche zu erklären, warum in diesen Fällen so hohe Strafen angedroht wurden.*
2. *Nenne Gründe, warum Hammurabi sich auf einen göttlichen Auftrag beruft (M 2) und weshalb er die Gesetze schriftlich festhalten ließ.*
3. *Vergleiche M 1, Zeilen 30-38 mit den Bibelstellen 2. Mose, 21, 24 und 3. Mose 24, 20. Erkläre den Befund.*

Israel – Land der Bibel

Nomaden aus dem Zweistromland
Lange beherrschten die Ägypter das Land der *Kanaanäer* an der Ostküste des Mittelmeeres. Im 13. Jh. v. Chr. wurden sie von den *Philistern* vertrieben, an die noch immer der Name **Palästina** erinnert. Nach 1250 v. Chr. soll *Moses* die *Hebräer* aus der ägyptischen Gefangenschaft in das „gelobte Land" Kanaan (Palästina) geführt haben. Die Hebräer lebten zunächst als Nomaden in zwei Stammesgruppen: die südliche in **Juda**, die nördliche in **Israel**. Im 11. Jh. v. Chr. begannen die Hebräer, die Stadtstaaten der Kanaanäer zu erobern, um Siedlungsland zu gewinnen. Damit wurden sie zu Konkurrenten der Philister, die das Land ebenfalls für sich beanspruchten. Um die Gefahr abzuwehren, wählten die Stämme Judas und Israels erstmals einen gemeinsamen König: *David* aus Juda.

1 Das Großreich Davids und Salomons, um 1000 bis um 926 v. Chr.

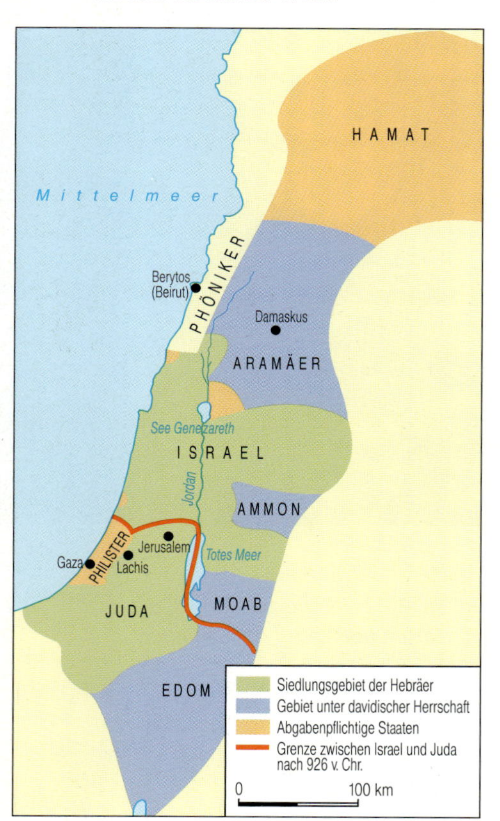

2 Vertreibung der Juden aus Lachis.
Relief aus einem assyrischen Palast, um 700 v. Chr. (Ausschnitt).
Das Bild zeigt die erste belegte Vertreibung von Juden aus ihrer Heimat.

Aufstieg und Niedergang
David regierte von etwa 1000 bis 965 v. Chr. In dieser Zeit eroberte er Jerusalem, das er zu seiner Hauptstadt machte. Er besiegte die Philister und vergrößerte sein Reich in zahlreichen Kriegen. Das Kerngebiet seines Herrschaftsgebietes war nicht größer als das heutige Bundesland Hessen. Zum kulturellen Mittelpunkt ihres Reiches machten David und sein Sohn *Salomon* (König von 965 bis 932 v. Chr.) Jerusalem.
Doch dieses Königreich zerfiel bereits nach Salomons Tod wieder in Israel und Juda. Sie standen sich feindselig gegenüber, denn jedes von ihnen versuchte das andere zu beherrschen. Um die Mitte des 8. Jh. v. Chr. gerieten beide unter den Einfluss ihrer mächtigen Nachbarn: Zunächst eroberten die *Assyrer* Israel und machten Juda abgabenpflichtig. Gut hundert Jahre später wurden die Ägypter für kurze Zeit Herren des Landes, bis sie von den Babyloniern vertrieben wurden. Deren König *Nebukadnezar* machte kurzen Prozess, als die Hebräer einen Aufstand gegen seine Herrschaft wagten: Er eroberte im Jahr 587 v. Chr. das ganze Land, ließ Jerusalem mit dem Tempel Salomons zerstören und die vornehmen Familien der Hebräer nach Babylonien verschleppen. Für sie bürgerte sich allmählich die Bezeichnung **Juden** ein. Sie durften erst zurückkehren, als die Perser im Jahr 538 v. Chr. das babylonische Reich zerstörten.

Ihr Glaube
Während der *Babylonischen Gefangenschaft* der Juden entstanden die wichtigsten Bücher des ersten Teils der **Bibel**, später das *Alte Testament* genannt. Sie enthalten die Grundlagen der jüdischen Religion: Anders als alle umliegenden Völker glaubten die Juden nur noch an einen Gott, was wir Monotheismus (griech. *monos*: allein; *theos*: Gott) nennen. Ihrem Gott gaben sie den Namen *Jahwe*. Sie sahen und sehen sich als das von Gott auserwählte Volk an und sind davon überzeugt, dass am Ende der Zeiten Jahwe den Erlöser (hebräisch: *Messias*) schicken wird, die Toten auferstehen werden und ein Friedensreich beginnen wird. Der jüdische Glaube beeinflusste das Christentum und den Islam.

M 1 Jahwe-Tempel in Jerusalem.
Rekonstruktionsversuch des um 950 v. Chr. erbauten Tempels.
Für die Rekonstruktion gibt es keine archäologischen Belege. Orientierung bieten allein alte Quellen, die sich in der Beschreibung widersprechen. Eine wuchtige Mauer umgibt den eigentlichen Tempelbereich. Sie umschließt die inneren Höfe: den Vorhof der Frauen ① und den Hof Israels, den nur Männer betreten durften ②. Der große Opferaltar ③ stand im Freien vor dem Tempelhaus ④. Dort war die offenstehende Tür mit einem Vorhang versehen. Dahinter befand sich der siebenarmige Leuchter, die Menora (siehe M 4), und der Weihrauchaltar.
Der anschließende Raum, das Allerheiligste, war dunkel und leer. Nur einmal im Jahr betrat der Hohepriester diesen Raum.

M 2 Verheißung des gelobten Landes
Im Alten Testament heißt es in einem Buch Mose, das vermutlich im 5. Jh. v. Chr. entstand:

Dem Herrn, eurem Gott, sollt ihr dienen, und so werde ich euer Brot und euer Wasser segnen und alle Krankheiten aus eurer Mitte entfernen. Keine Frau wird fehlgebären oder unfruchtbar sein in eurem Lande. [...] Meinen Schrecken werde ich vor euch her senden und alle Völker in Verwirrung bringen, so dass alle eure Feinde vor euch fliehen [...]. Ganz allmählich werde ich sie vor euch vertreiben, bis ihr so zahlreich seid, dass ihr das Land besetzen könnt. Und euer Gebiet soll reichen vom Roten Meer bis zum Mittelmeer und von der Wüste bis zum Euphrat. Ja, ich werde die Bewohner dieses Landes in eure Hand geben, und ihr werdet sie vor euch vertreiben. Ihr sollt mit ihnen und ihren Göttern kein Abkommen treffen. Sie sollen nicht in deinem Lande wohnen bleiben, damit sie euch nicht zur Sünde wider mich verleiten [...].

Da schrieb Moses alle Gebote des Herrn (torá) auf. [...] Er las sie danach dem Volke vor, und die Menschen sprachen: Alles, was der Herr geboten hat, wollen wir tun und ihm gehorchen.

Nach 2. Buch Mose, 23, 25-24, 8

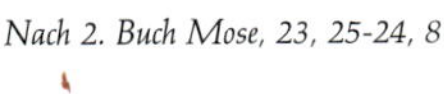

M 3 Die Zehn Gebote
Nach der Bibel gibt Gott Moses den Auftrag, dem Volk Israel diese Gesetze zu verkünden:

1. Ich bin Jahwe, dein Gott, der dich aus der ägyptischen Sklaverei herausgeführt hat. Du sollst keine anderen Götter neben mir haben.
2. Du sollst kein Gottesbild machen [...] Du sollst keine Bilder anbeten [...].
3. Du sollst den Namen des Herrn, deines Gottes, nicht missbrauchen [...].
4. Gedenke des Sabbattages, damit du ihn heilig hältst. Sechs Tage sollst du arbeiten und all dein Werk tun, aber der siebte Tag ist ein Ruhetag, dem Herrn, deinem Gott, geweiht [...].
5. Ehre deinen Vater und deine Mutter [...].
6. Du sollst nicht morden.
7. Du sollst die Ehe nicht brechen.
8. Du sollst nicht stehlen.
9. Du sollst gegen deinen Nächsten kein falsches Zeugnis abgeben.
10. Du sollst nicht begehren nach dem Hause deines Nächsten, nicht nach seinem Weibe, seinen Sklaven, seinem Vieh oder nach irgend etwas anderem, was er sein eigen nennt.

Nach 2. Buch Mose – Exodus, 20, 2-17

M 4 Menora.
Münze aus dem 1. Jh. v. Chr.
Der siebenarmige Leuchter (die Menora) ist ein Gegenstand für den jüdischen Gottesdienst. Er gilt als Sinnbild für das Ewige Licht im Tempel Salomons.

1. *Beschreibe das Verhältnis Gottes zu den Juden (M 2).*
2. *In dem 1948 gegründeten Staat Israel berufen sich heute viele Bürger auf das Alte Testament (M 2, Zeilen 13 bis 16). Was weißt du darüber?*
3. *Vergleiche die Zehn Gebote (M 3) mit dem ägyptischen Bekenntnis (M 2, Seite 58). Gibt es Übereinstimmungen?*
4. *Welche Gebote sind noch heute für das Zusammenleben wichtig (M 3)? Begründe deine Aussage.*

Was war wichtig?

Daten

um 3000 v. Chr *In Ägypten entsteht eine Hochkultur.*

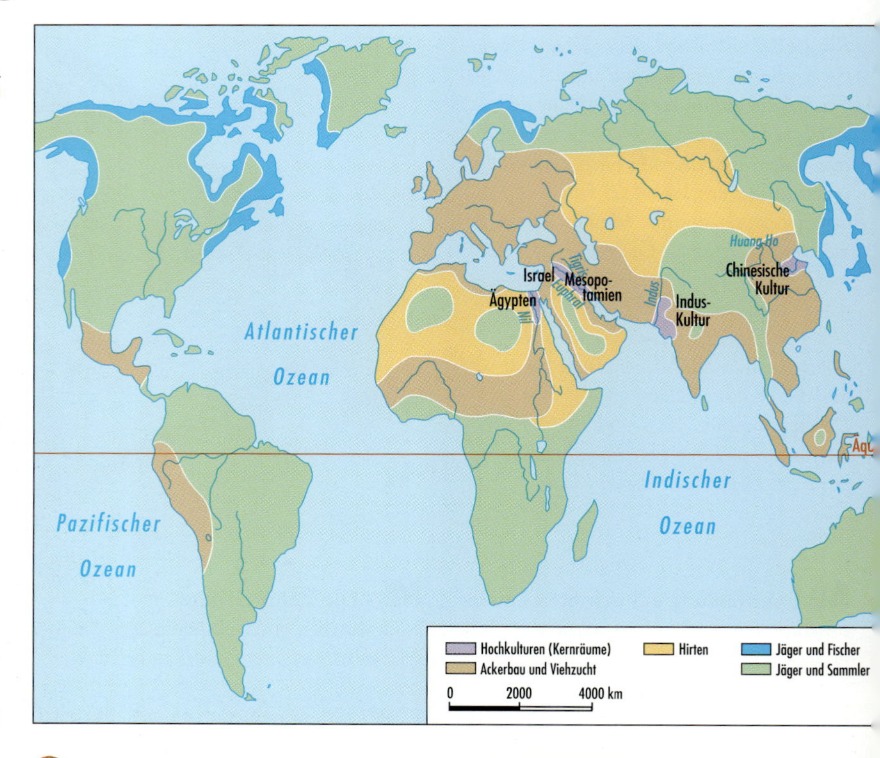

1 Frühe Hochkulturen der Welt bis ca. 1500 v. Chr.
In welchen heutigen Staaten liegen die Hochkulturen? Informiere dich über die Länder.

Begriffe

Hieroglyphen (griech. *hieros*: heilig, *glyphe*: Eingeritztes): Schriftzeichen der alten Ägypter, die Laute, Buchstaben und Zeichen wiedergeben.

Hochkultur: eine gegenüber dem einfachen Landleben weiter entwickelte Lebensform, deren Kennzeichen Städte, große Bauwerke (→ *Pyramiden*, Tempel), Schrift (→ *Hieroglyphen*), Verwaltung, Religion, Rechtspflege, Handwerk und Handel sind. Die ersten Hochkulturen entstanden an Euphrat und Tigris, am Nil sowie am Indus und Hwangho.

Pharao: zunächst die Bezeichnung des Königspalastes im alten Ägypten; seit dem 2. Jt. v. Chr. ein Titel des ägyptischen Herrschers. Pharaonen galten als göttlich. Sie waren die weltlichen und geistlichen Oberhäupter der alten Ägypter.

Polytheismus (griech. *poly*: viel; *theos*: Gott): Glaube an viele Götter. Die alten Ägypter verehrten mehrere Götter. Das Gegenteil des Polytheismus ist der *Monotheismus*, der Glaube an einen einzigen Gott; Beispiele: Judentum, Christentum und Islam.

Pyramide: ein Grabmal, das über einer quadratischen Grundfläche mit dreieckigen, spitz zulaufenden Seiten errichtet wurde. Solche Grabanlagen wurden in Ägypten von etwa 3000 bis 1500 v. Chr. nur für die Pharaonen (→ *Pharao*) erbaut, danach konnten auch andere Ägypter Pyramiden errichten lassen.
Unabhängig von den ägyptischen Vorbildern entstanden später in Kambodscha, Mittel- und Südamerika Tempelpyramiden.

Grundfertigkeiten

Du hast in diesem Kapitel gelernt,
- wie alte Bauwerke untersucht und rekonstruiert sowie
- einfache Schaubilder (Grafiken) gelesen und
- Bilder zum Sprechen gebracht werden können.

Übertrage die Zeitleiste auf ein Blatt (1 000 Jahre = 6 cm) und füge ein: wann Unter- und Oberägypten vereint und die Cheops-Pyramide fertig wurde, wann das Totenbuch des Schreibers Hunefer entstand, Königin Hatschepsut regierte und der Stein von Rosette beschrieben wurde.

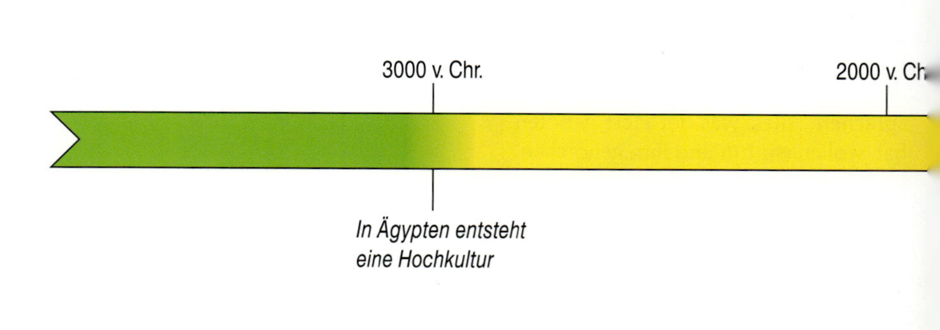

Zusammenfassung

Der Klimawechsel nach dem Ende der letzten Eiszeit veränderte die Lebensbedingungen gründlich. Die Menschen wichen vor den sich ausbreitenden Wüsten in fruchtbare Flusstäler aus. Doch auch wenn sie dort günstigere Bedingungen für Ackerbau und Viehzucht fanden, konnte die wachsende Zahl der auf engem Raum lebenden Menschen nur überleben, indem sie zusammenarbeiteten, um Dämme zu errichten und das Land zu bewässern.
An der Spitze der in größeren Gruppen lebenden Menschen standen Anführer. Sie hatten die Leitung wichtiger gemeinschaftlicher Aufgaben übernommen und vererbten allmählich ihre Stellung auf ihre Nachkommen. Aus den Anführern wurden im Laufe der Jahrhunderte in Ägypten Pharaonen. Ihnen gelang es im 4. Jahrtausend v. Chr., einzelne Siedlungen zu einem Reich zusammenzufassen.
Die ägyptischen Pharaonen galten als gottähnlich und waren die obersten Priester. Sie herrschten unumschränkt und mit besonders ausgebildeten Beamten. Das ganze Land galt als Eigentum des Pharao. Die Einwohner des Reichs mussten Abgaben leisten und wurden zur Errichtung der Pyramiden und Tempel herangezogen.
Die alten Ägypter glaubten an viele Götter (*Polytheismus*). Die Priester waren die Mittler zwischen den Menschen und den Göttern, die nach damaligem Glauben das ganze Leben bestimmten. Geschenke der Pharaonen und Spenden der Gläubigen verhalfen Priestern und Tempeln zu Reichtum und Macht. Die Bedeutung der ägyptischen Religion zeigt sich im ausgeprägten Totenkult mit Mumifizierung, Grabmälern und Grabbeigaben. Im Dienst von Pharaonen und Priestern arbeiteten Handwerker und Künstler. Bezahlt wurden sie aus der Kriegsbeute mit Edelmetall, vor allem aber mit den landwirtschaftlichen Überschüssen, die die Bauern abzuliefern hatten.
Straffe Verwaltung, Rechtspflege, Schrift, Blüte von Kunst und Handwerk und Anfänge von Wissenschaft zeigen, dass die Menschen in den Flusskulturen im Vergleich zu den Ackerbauern und Viehzüchtern anderswo oder zu früheren Zeiten große Entwicklungsschritte getan haben.

Exkursionstipps → *In Hessen findest du ägyptische Kunstwerke im:*

- *Hessischen Landesmuseum, Darmstadt*
- *Naturmuseum Senckenberg, Frankfurt am Main*
- *Liebieghaus. Museum alter Plastik, Frankfurt am Main*

Lesetipps → *Buchempfehlungen zur ägyptischen Geschichte findest du auf Seite 118.*

2 Nofretete.
Plakat des Ägyptischen Museums, Berlin. Königin von Ägypten, Gemahlin des Echnaton (Amenophis IV.).

Soll Nofretete zurück nach Ägypten?
Anfang 2002 fordert der ägyptische Kulturminister Hosni:
„Im Interesse der Menschheit appelliere ich an Berlin, die Büste der Nofretete zurückzugeben."
Die ägyptische Regierung geht davon aus, dass das Königinnenporträt außer Landes geschmuggelt wurde, denn Hosni erklärte, dass Ägypten nur die Rückgabe gestohlener Kunstschätze fordere. Die Stiftung Preußischer Kulturbesitz weigert sich, das Bildnis herauszugeben und erklärt:
„Die Büste der Nofretete befindet sich aufgrund einer durch Vertrag vereinbarten Fundteilung seit 1913 rechtmäßig in Berlin."
Nach: www.selket.de/news20023101.htm

Ob die berühmte Büste unter unrechtmäßigen Umständen oder korrekt nach Berlin gelangt ist, kann heute kein unabhängiger Wissenschaftler mit Sicherheit sagen. Wie würdest du den Streit entscheiden? Begründe!

1000 v. Chr. — Christi Geburt

Verzweifelt blickte Europa zum Himmel und klagte: „Ihr Götter, wie konntet ihr das nur zulassen?" Aber im gleichen Atemzug machte sie sich selbst Vorwürfe: „Kann ich denn alle Schuld auf die Götter wälzen? Bin ich nicht selbst schuldig? Wie konnte ich so unvorsichtig sein, mich dem fremden Stier zu nähern und mich sogar auf seinen Rücken zu setzen? Geschah es mir da nicht recht, dass er mich forttrug?" Schaudernd erinnerte sie sich an ihre Reise. Eine Nacht und einen Tag lang war sie auf dem Rücken des weißen Stieres durch das Meer geschwommen. Er hatte sie von ihrer Heimat Phönizien an die Küste einer fremden Insel im Westen gebracht. Den Namen der Insel kannte sie nicht einmal. Wehmütig erinnerte sie sich an ihre Heimatstadt Tyros, wo sie im Palast ihres Vaters aufgewachsen war. Die Tränen rannen ihr über die Wangen, als sie an ihren Vater dachte, an die Mutter und die Freundinnen, die sie nun sicherlich überall suchen würden. Selbst wenn sie in dieser menschenleeren Gegend überleben sollte, würde sie die Lieben in der Heimat wohl nie mehr wieder sehen. Für einen Augenblick dachte Europa daran zu sterben. Da hörte sie ein leises Geräusch. Als sie sich umdrehte, sah sie eine Frauengestalt, die sich ihr näherte, ohne den Boden mit den Füßen zu berühren. „Hör auf, so zu jammern", begann sie zu sprechen. „Kennst du mich noch? Ich bin Aphrodite, die Göttin der Liebe. Neulich bin ich dir im Traum erschienen, um dir mitzuteilen, dass der Göttervater Zeus in dich verliebt ist." Europa starrte sie ungläubig an. Aphrodite fuhr fort: „Und was meinst du, wer dich hierher, auf die Insel Kreta, trug? Etwa ein normaler Stier? Hast du dich nicht gewundert, dass dich auf dem Meer kein Tropfen Wasser benetzt hat, obwohl die Wellen hochgingen? – Nein, der Stier war niemand anderer als Zeus. Er hatte dich vom Olymp aus erblickt und sich auf Grund deiner Schönheit sofort in dich verliebt. Um dich zu besitzen, beschloss er, dich zu entführen. Du bist", fuhr Aphrodite etwas schnippisch fort, „zwar nicht die einzige Geliebte unseres mächtigsten Gottes, aber tröste dich: Als Tochter des Königs von Tyros hätte man dich vielleicht geehrt, als Geliebte des Zeus wirst du unsterblich werden. Denn der Erdteil, zu dem Kreta gehört und in den er dich entführt hat, soll deinen Namen tragen: Europa."

Dieter Brückner

Europa auf dem Stier.
Unteritalische Vasenmalerei aus dem 4. Jh. v. Chr.

Leben im antiken Griechenland

1 Das Löwentor der Burgmauer von Mykene, etwa 14. Jh. v. Chr.
Foto, um 1985.
Die beiden drei Meter hohen Löwen und gewaltige Steine der Mauer schützen den Burgpalast.

Die Welt der Hellenen

Ständiger Kampf um Land

Schon im 2. Jahrtausend v. Chr. lebten im heutigen Griechenland Menschen mit einer einheitlichen Lebensweise*. Die Anführer dieser ständig um fruchtbares Land kämpfenden kleinen Völker wohnten zum Teil in befestigten Burgen, die von riesigen Mauern umgeben waren. Ihre Kriegszüge führten sie auch übers Meer. Auf der Insel Kreta plünderten sie die prächtigen Stadtanlagen.
Überreste der gewaltigen Burganlage von Mykene, Waffen und Schmuck aus Troja sowie Götter- und Heldensagen berichten von dieser frühgriechischen Zeit.

* *Eine Karte findest du auf Seite 72.*

Wer herrschte in frühgriechischer Zeit?

Mit dem 1. Jahrtausend v. Chr. beginnt für die Historiker die Antike, die Zeit, in der die Griechen (und später die Römer) die Mittelmeerwelt beherrschen. Damals wanderten erneut Völker aus dem Norden und Osten nach Südosteuropa. Sie drangen bis auf die Inseln des Ägäischen Meeres und an die Küsten Kleinasiens vor. Diese Völker zerstörten die frühgriechischen Siedlungen und Palastburgen. Sie unterwarfen die einfache Bevölkerung. Ihre Anführer scheinen sich mit den angestammten Herrscherfamilien verbunden zu haben. Auf Wanderschaft und Kriegszügen führten Männer das Kommando, die kampferprobt und entschlussfreudig waren. Diese „Könige" beanspruchten für sich und ihre Familien den größten Landbesitz. Zugleich waren sie oberste Priester und Richter.
Als die Einwanderer sich niedergelassen hatten und Landwirtschaft betrieben, wuchs der Reichtum und Einfluss einzelner Familien, deren Angehörige sich hervorgetan hatten. Diese nannten sich *Aristoi* (dt. *die Besten*). Sie legten Wert auf ihre Abstammung von vornehmen Familien (*Adel*) und beanspruchten die Macht über andere. Ihre Herrschaft wurde Aristokratie genannt – im Gegensatz zur Monarchie, der Herrschaft eines einzelnen (gr. *monos*: allein) Königs.

Die „Einheit" der Hellenen

Trotz ständiger Kriege um die wenigen fruchtbaren Gebiete des Landes entstand im Laufe der Jahrhunderte ein Zusammengehörigkeitsgefühl der Bewohner. Denn sie hatten – sieht man von Dialekten und örtlichen Gottheiten ab – eine gemeinsame Sprache und Religion. Seit etwa 700 v. Chr. nannten sie sich nach einem mittelgriechischen Volk *Hellenen*. Erst Jahrhunderte später bezeichneten die Römer die Hellenen als *Graeci*. Von diesem lateinischen Wort kommt der Name *Griechen*.
Gemeinsam verehrten die Hellenen bestimmte Götter und Göttinnen. Vor allem die Heiligtümer des *Zeus* in Olympia und des *Apollon* in Delphi waren allen Griechen heilig.* Trotz dieser Gemeinsamkeiten bildeten die Hellenen nie ein Reich unter einem Herrscher wie die Ägypter.

* *Über die Religion der Griechen erfährst du mehr auf Seite 73.*

2 Gefäß in Form eines Stierkopfes.
Mykenische Goldschmiedearbeit, 16. Jh. v. Chr.
Die Verehrung des Stiers war im Mittelmeerraum weit verbreitet – von Çatal Hüyük in Kleinasien (siehe hier Seite 28, M 6) bis Kreta (ab etwa 2000 v. Chr.).
Das abgebildete Trinkgefäß für besondere Anlässe nennt man Rhyton. Es funktioniert wie ein Trichter und hat einen feinen Ausguss. Ähnliche Gefäße gab es etwa zur gleichen Zeit auch auf Kreta, der Insel, wohin die Königstochter Europa der Sage nach entführt worden war. Was können wir daraus schließen?

3 Phalanx.
Vasenmalerei aus Korinth, um 640 v. Chr., Nachzeichnung von Peter Connolly. Dargestellt ist das Zusammentreffen zweier Heere von Schwerbewaffneten. Jeder, der seinen Platz in der Schlachtreihe einnahm, schützte sich mit dem „hoplon", einem Schild. Von ihm ist der Begriff „Hoplit" abgeleitet. Welche Aufgabe hatte wohl der Flötenspieler mit seinem Spiel?

4 Hoplit.
Der Schild aus eisenbeschlagenem Holz maß ungefähr 90 cm im Durchmesser. Er hing an einem Lederriemen von der Schulter und wurde mit der Linken an einem Griff gehalten. Nebenbei: Die Rüstung wog rund 30 kg und musste von den Kriegern selbst gestellt werden. Was gehörte sonst noch zur Rüstung des Hopliten?

Der Oikos

Die im 1. Jahrtausend eingewanderten Völker lebten in Hausgemeinschaften, die sie **Oikos** nannten. Der Oikos bestand meist aus mehreren miteinander verwandten Familien und abhängigen Bauern. Dazu gehörte auch der gesamte Besitz: Ländereien, Gebäude, Möbel, Kleidung, Geräte, Waffen, Vieh und Sklaven. Der Oikos sicherte seinen Mitgliedern die wirtschaftliche Unabhängigkeit, er war Mittelpunkt des rechtlichen und religiösen Lebens und stellte Pferde und Rüstung für Kriegszüge zur Verfügung.

Die Polis

Da die Bevölkerung wuchs und ständig Kämpfe ausbrachen, entstanden um 800 v. Chr. immer mehr Siedlungen um eine befestigte Anhöhe oder Burg (gr. *Akropolis**) herum. Hierher zogen Adlige, Bauern, Handwerker und Händler. Die Orte erhielten Mauern und Tempel für die Götter. Sie wurden Mittelpunkte der bewohnten Gebiete. Die befestigte Siedlung und das landwirtschaftlich genutzte Umland bildeten einen Stadtstaat: die Polis.

Die meisten der griechischen **Staaten** blieben überschaubar, selten zählten sie mehr als 5 000 Einwohner. Athen und Sparta waren Ausnahmen. Jede Polis entwickelte unter der Führung des örtlichen Adels eine eigene Verwaltung, eigene Gesetze und eigene Formen der Götterverehrung.

** Eine Rekonstruktionszeichnung der Akropolis von Athen findest du auf Seite 99.*

Phalanx und Hoplit

Auch die Art und Weise, Kriege zu führen änderte sich. Seit dem 7. Jh. v. Chr. zogen nicht mehr einzelne Adlige mit ihren Streitwagen in den Krieg und kämpften Mann gegen Mann. An ihre Stelle traten die schwer bewaffneten Männer **(Hopliten)** einer Polis, die in geschlossener Schlachtreihe **(Phalanx)** kämpften. In ihr standen Adlige und reiche Bauern nebeneinander. Dabei war es wichtig, dass die Schlachtreihe im Kampf geschlossen blieb, damit die ungedeckte rechte Körperseite des Hopliten durch den Schild seines Nebenmannes geschützt war. Diese Kampfweise ließ ein Gefühl der Zusammengehörigkeit entstehen. Das Selbstbewusstsein der reichen Nichtadligen wuchs.

Die Griechen gründen Tochterstädte

Seit dem 8. Jh. v. Chr. verließen viele Griechen ihre Heimat. Sie zogen übers Meer, um neue Siedlungen zu gründen. Diese **Tochterstädte** blieben meist mit ihren „Mutterstädten" verbunden. Gründe für die Auswanderungen waren die wachsende Bevölkerung, der Mangel an Ackerland, Armut, Not und Kriege, aber auch Abenteurertum und Gewinn versprechender Handel. Griechen siedelten schließlich an den Küsten des Schwarzen Meeres und des Mittelmeeres. Die so genannte Kolonisation verlief nicht immer friedlich, da sie oft mit Vertreibungen der Anwohner verbunden war. Sie nützte auch der Seefahrt und dem Handel, dem Schiffsbau und dem Töpferhandwerk sowie anderen Gewerben.

Phönizisches Alphabet ca. 1000 v. Chr.	Bedeutung	Griechisches Alphabet ca. 800 v. Chr.	Bedeutung	Lateinisches Alphabet ca. 500 v. Chr.
𐤀	’	Α	A(lpha)	A
𐤁	b	Β	B(eta)	B
𐤃	d	Δ	D(elta)	D
𐤄	h	Ε	E(psilon)	E
𐤊	k	Κ	K(appa)	K
𐤌	m	Μ	M(y)	M
𐤍	n	Ν	N(y)	N
𐤓	r	Ρ	R(ho)	R
𐤔	š	Σ	S(igma)	S
𐤅	u	Υ	Y(psilon)	Y
–	–	Ω	O(mega)	O

5 Die Entwicklung des Alphabets. *Beispiele. Worauf geht das Wort „Alphabet" zurück? Beschaffe dir ein vollständiges griechisches Alphabet und schreibe deinen Namen auf griechisch.*

6 Handelsschiff. *Vasenmalerei, um 510 v. Chr.*

7 Münze aus Kleinasien, um 600 v. Chr.
Münzen gehören zu den verbreitetsten und – wegen der Abbildungen und Beschriftungen – wichtigsten Quellen der Geschichte. Die ältesten Münzen, die wir kennen, bestehen aus einem Gemisch von Gold und Silber. Die Abbildungen auf ihnen berichten uns über Religion und Sagenwelt, über Handel und Politik.
Abgebildet ist auf dieser Münze das heilige Tier einer Gottheit: ein Damhirsch.

Begegnung mit anderen Kulturen
Die Einwanderungswellen, die Auswanderung und der Fernhandel förderten die Begegnung der Hellenen mit anderen Kulturen. Schon um die Mitte des 2. Jahrtausends v. Chr. wurden Metalle und Luxusgegenstände aus Ägypten, Syrien, Kleinasien und Sizilien nach Griechenland eingeführt. Dagegen waren Keramik, Textilien und Nahrungsmittel begehrte griechische Exportartikel.*
Über den Handel lernten die Griechen auch die Schriftzeichen der Phönizier kennen, aus denen sie im 9. Jh. v. Chr. ihr **Alphabet** entwickelten.
Nach dem Vorbild der Lyder aus Kleinasien prägten die Griechen seit dem 7. Jh. v. Chr. Münzen. Die Geldwirtschaft löste allmählich überall den Tauschhandel ab.
Griechische Kunst, Religion, Dichtung und Wissenschaft verdankten Kretern, Phöniziern, Babyloniern, Persern und Ägyptern wichtige Anregungen. Dieser Kulturaustausch hinderte die Griechen nicht daran, alle Menschen mit einer für sie fremden Sprache, Religion und Lebensweise **Barbaren** zu nennen. Sie haben diesen Begriff seit dem 6. Jh. v. Chr. verwendet, weil die Sprache der Fremden in ihren Ohren so unverständlich wie *„bar-bar"* klang. Anfangs war das gar nicht böse gemeint, aber später galten die Kulturen der „Barbaren" als minderwertig. So wurden im Krieg besiegte Fremde wie selbstverständlich zu Sklaven gemacht.**

* *Zum Handel siehe auch Seite 96 f.*
** *Zur Sklaverei siehe Seite 94.*

1. *Die Hellenen begegneten vielen Völkern. Uns ergeht es ebenso. Teilt die Klasse in Gruppen auf; jede Gruppe steht für ein Land (Italien, Türkei, USA, Japan, England …). Überlegt, was wir aus diesen Ländern übernommen haben.*
2. *Betrachte einige Euro- und Cent-Münzen und untersuche, welche Angaben dort zu finden sind. Vergleiche diese Münzen mit der aus Kleinasien (Abb. 7).*

M 1 Wo die Griechen siedelten (750-550 v. Chr.).

Der Gelehrte Platon lässt seinen Lehrer Sokrates im Jahre 399 v. Chr. sagen, die Griechen säßen „wie Ameisen oder Frösche um einen Teich".
Erschließe mithilfe der Karte, was er damit meinte. Stelle fest, in welchen modernen europäischen Staaten wir Überreste aus der Zeit der griechischen Kolonisation finden können.

M 2 Befragung der Pythia in Delphi.

Malerei auf einer Schale, um 430 v. Chr.
In Delphi verehrten die Griechen Apollon. Er war der Gott des Lichtes, der Musik, der Dichtung und der Heilkunst. Apollon konnte das Dunkel der Zukunft durchdringen und tat den Willen seines Vaters Zeus durch den Mund einer Priesterin, die Pythia genannt wurde, kund.
Viele Poleis bemühten sich deshalb um einen Rat des Orakels von Delphi.*
Zum Bild: Die Pythia sitzt auf dem goldenen Dreifuß über einem Erdspalt, dem berauschende Dämpfe entströmen. Sie murmelt unverständliche Worte, die Priester für die Ratsuchenden deuten. Wie die Weissagung genau ablief, wissen wir nicht, denn die Pythia saß hinter einem Vorhang, und die Priester hielten den ganzen Vorgang streng geheim.

**Zu den Orakeln lies Seite 73*

M 3 Gründung von Kyrene

Bei Herodot, der im 5. Jh. v. Chr. das erste uns erhaltene europäische Geschichtsbuch geschrieben hat, finden sich Hinweise darüber, weshalb die Bewohner der Insel Thera (heute Santorin) um 630 v. Chr. die Tochterstadt Kyrene in Libyen gründen.

Grinnos, der König über die Insel Thera, war in Begleitung anderer vornehmer Bürger, darunter ein junger Mann namens Battos, in Delphi. Obwohl Grinnos das Orakel über ganz andere Dinge befragte, ließ ihm die Pythia sagen, er solle in Libyen eine Stadt gründen. Darauf antwortete Grinnos: „Ich bin zu alt und schwerfällig, mich auf den Weg zu machen. Aber fordere doch einen von diesen Jüngeren auf!" Während dieser Worte wies Grinnos auf Battos. Weiter geschah damals nichts. [...]
Danach blieb sieben Jahre lang der Regen in Thera aus [...]. Auf ihre Anfrage beim Orakel erinnerte die Pythia sie an die Einwanderung in Libyen [...]. Daraufhin bestimmten die Theraier, dass aus allen sieben Gemeinden der Insel immer je einer von zwei Brüdern um die Auswanderung losen sollte. Führer und König der Auswanderer sollte Battos sein.

Die Siedler lassen sich nicht in Libyen – wie von der Pythia empfohlen –, sondern auf einer Insel davor nieder.

Da es ihnen dort nicht gut ging, schickten sie Männer nach Delphi und befragten das Orakel, warum es ihnen so schlecht gehe. Die Pythia erteilte die Antwort: Wenn sie gemeinsam mit Battos Kyrene in Libyen besiedelten, würden sie es wieder besser haben. Statt dem Orakel zu folgen, kehrten die Siedler wieder nach Thera zurück. Die Theraier aber schossen nach ihnen, als sie in den Hafen einfuhren, und ließen sie nicht landen; vielmehr befahlen sie ihnen zurückzusegeln. Notgedrungen fuhren sie also wieder ab und besiedelten jene Insel an der libyschen Küste, die Platea heißt. [...] Hier wohnten sie zwei Jahre; aber es ging ihnen dort nicht gut. So fuhren sie erneut nach Delphi. [...]

Die Pythia macht die Siedler auf den Irrtum aufmerksam. Daraufhin siedeln sie sich auf dem libyschen Festland an.

Hier wohnten sie sechs Jahre. Im siebten Jahr erboten sich die Libyer, sie an einen noch schöneren Platz zu führen. [...] Sie geleiteten sie dann an eine Quelle, die dem Apollon heilig sein soll, und sprachen: „Griechen, hier ist die rechte Stelle für die Gründung eurer Stadt [...]."

Herodot, Historien IV, 150 ff., übers. von Josef Feix, München 1963 (vereinfacht)

1. *Ermittle aus M 3 die Gründe für die Auswanderung.*
2. *Auch heute verlassen Menschen ihre Heimat, um in fremden Ländern zu leben. Vergleicht die heutigen Gründe mit denen von damals.*
3. *Stellt die Auswanderung in einem Rollenspiel dar, nachdem ihr unter den Jungen die Auswanderer ausgelost habt. Wählt dazu folgende Szenen aus: die Reisevorbereitung, Abschied, Landung in Libyen und Rückkehr nach Thera.*

Wie werten wir Karten aus?

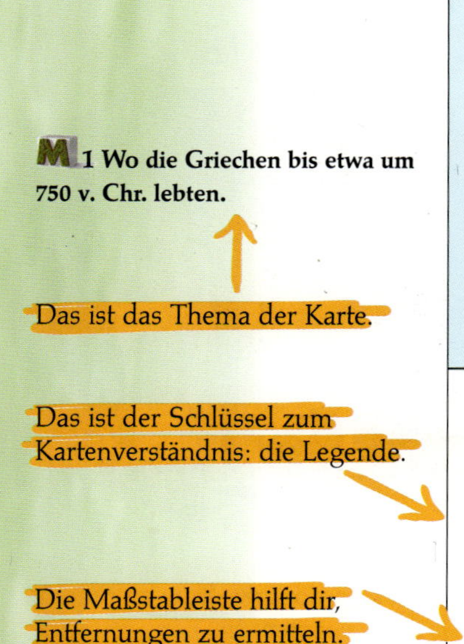

M 1 Wo die Griechen bis etwa um 750 v. Chr. lebten.

Das ist das Thema der Karte.

Das ist der Schlüssel zum Kartenverständnis: die Legende.

Die Maßstableiste hilft dir, Entfernungen zu ermitteln.

Was können Karten?

Karten für den Geschichtsunterricht informieren nicht nur wie geografische Karten über die Lage von Ländern, Orten, Meeren und Flüssen, Bergen und anderen Kennzeichen einer Landschaft. Sie verknüpfen Erdkunde und Geschichte, indem sie beispielsweise zeigen, welche Ereignisse und Entwicklungen in bestimmten Gebieten stattfanden, wie sich Lebensräume von Völkern und Ländergrenzen veränderten, woher Handelsgüter kamen und wohin sie auf welchen Wegen gebracht wurden. Auch genaue Karten geben nur einen Teil der Gegebenheiten wieder. M 1 enthält nur einige von mehreren hundert griechischen Stadtstaaten und Tausenden von Heiligtümern.

Karten kannst du lesen

Um welches Thema es in der Karte geht, sagt dir die Überschrift. Die in der Karte verwendeten Zeichen, Farben und Abkürzungen werden in der *Legende* erklärt. Sie nennt dir meist auch den *Maßstab*.

Werden dir Fragen zu einer Karte gestellt, kläre zunächst, welches Gebiet sie umfasst und über welche Einzelheiten sie informiert. Wähle dann aus deinen Ergebnissen diejenigen aus, die direkt zu den Fragen passen. Suche nach Verknüpfungen zwischen den einzelnen Angaben, betrachte sie im Zusammenhang und ziehe Schlussfolgerungen.

Mit den Arbeitsfragen kannst du testen, ob du die Karte auf dieser Seite „lesen“ kannst.

1. *Woran erkennst du, dass es sich um eine Geschichtskarte handelt?*
2. *Berechne mithilfe der Maßstableiste, wie weit es etwa von Ithaka nach Troja ist.*
3. *Beschreibe mithilfe der Legende die Landschaft in Thessalien und auf der Peloponnes.*
4. *Wie wirkten sich die landschaftlichen Gegebenheiten auf das Klima, auf die Besiedlung und die wirtschaftliche Nutzung aus?*
5. *Überlege, welches wohl das wichtigste Verkehrsmittel der Griechen war.*
6. *Vergleiche die Karte auf dieser Seite mit der auf Seite 71. Nenne die Unterschiede.*

Götter – Helden – Menschen

Woran glaubten die Hellenen?
Die Griechen bewegten Fragen, die uns zum Teil noch heute beschäftigen: Was war am Anfang der Welt? Warum blitzt und donnert es? Sie wollten aber nicht nur die Naturerscheinungen und den Ursprung der Welt verstehen, sondern auch die Ursachen von Glück und Leid, Liebe, Hass, Streit, Trauer und Schmerz.
Wie andere Völker fanden die Griechen die Antwort auf ihre Fragen bei den Göttern: unsterblichen Wesen, die mit übermenschlichen Kräften ausgestattet waren. Sie hatten aus einem ungeordneten Chaos die Welt geschaffen und waren für alles verantwortlich, was am Himmel, auf Erden und im Wasser geschah. Nichts Menschliches war den Göttern und Göttinnen fremd. Sie waren auch launisch, eitel und streitlustig.

Dunkle Vorhersagen
Um den Willen der Götter erkunden zu können, befragten die Griechen mithilfe von Priesterinnen und Priestern so genannte „Spruchstätten“: die **Orakel**. Diese gaben ihnen – wenn auch in verschlüsselter Form – Rat in allen Fragen. Ein Beispiel dafür ist der Fall des Königs *Kroisos* aus Kleinasien. Er erhielt die Auskunft, dass er ein großes Reich zerstören werde, wenn er seinen Nachbarn *Persien* angreife. Er griff an und zerstörte ein großes Reich – nämlich sein eigenes, da die Perser siegten!

Einfach sagenhaft
Eine Stufe unter den Göttern standen die **Heroen** wie *Herakles*. Diese Helden waren halb göttlicher und halb menschlicher Abstammung und besaßen übermenschliche Kraft und Stärke.

Von Göttern und Heroen sowie deren Taten berichtet der **Mythos** (dt. *Wort, Rede, Erzählung*). Diese Mythen wurden in der Frühzeit an den Höfen der Könige und Adligen von fahrenden Sängern vorgetragen. Der Dichter und Sänger *Homer* aus Kleinasien, der im 8. Jh. lebte, fasste in seiner *Ilias* und *Odyssee* die Überlieferung aus der Welt der mächtigen griechischen Könige, die zwischen 1600 und 1200 v. Chr. gelebt hatten, zusammen. In der *Ilias* erzählt er unter anderem, wie die Götter in den Krieg der Griechen gegen Troja eingriffen. In der *Odyssee* berichtet er von den abenteuerlichen Irrfahrten des Odysseus nach der Eroberung Trojas.*

*Lies dazu auch Seite 74 f.

2 Herakles und der Höllenhund.
Vasenmalerei, um 520 v. Chr.; Höhe des Gefäßes 58,6 cm.
Zu den berühmtesten griechischen Heroen gehörte Herakles. Er musste zwölf Taten vollbringen, um unsterblich zu werden. Der Kampf mit dem unverwundbaren Löwen von Nemea wurde seine erste Heldentat. Er erwürgte ihn mit seinen Armen. Den Kopf des Ungeheuers benutzte er von da an als Helm, das Fell als Mantel.
Zum Bild: Mit Hilfe der Göttin Athene (links), der Göttin der Weisheit, die Helden und Handwerker schützt, fängt Herakles in der Unterwelt ohne Waffen den dreiköpfigen Höllenhund Kerberos.
Im Gegensatz zu den griechischen Malereien auf Stein, Holz und Verputz, die schon lange zerfallen sind, blieben zahlreiche Gefäße aus gebranntem Ton oder deren Scherben erhalten. Diese Keramikfunde – vom Vorratsgefäß bis zur kunstvoll bemalten Vase – sind wichtige Quellen für den Geschichtsforscher. Denn die Art der Keramik, ihre Herstellungsweise, ihr Zweck, ihre Bemalung und ihre Herkunft geben Hinweise auf Alltag, Gesellschaft, Religion und Handelsbeziehungen.

LERNTIPP

1 Zeus.
Bronzefigur, 14 cm hoch, um 470 v. Chr.
Zeus war der mächtigste Gott. Er herrschte auf dem Olymp, dem höchsten Berg Griechenlands und dem Wohnsitz aller Götter. Zeus schützte Ordnung und Recht, schickte Regen, Wind und Sonnenschein, er war der Herr des Donners und des Blitzes und kannte die Zukunft. Häufig wird er mit Adler und Eiche dargestellt.

1. *Informiere dich über die weiteren Heldentaten des Herakles (Abb. 2).*
2. *Welche seiner Kräfte und Fähigkeiten ließen Zeus zum obersten Gott werden?*
3. *Weshalb konnten sich die Griechen als große Gemeinschaft fühlen? Beachte dazu auch die vorangegangenen Seiten.*

3 Das homerische Troja.
Rekonstruktionsversuch von Christoph Haußner, um 2000.

4 Tod eines Helden.
Abbildung auf einer antiken Tonscherbe. Zu sehen ist Achill, der beste Krieger der Griechen, wie er sich auf seinem Streitwagen umschaut. Er zieht den getöteten Hektor, den tapfersten Trojaner, hinter sich her. Über ihm, auf den Mauern Trojas, sieht man die Eltern des Toten: König Priamos und Königin Hekabe.

Schönheitswettbewerb mit Folgen
Nach Aussage der Mythen stritten sich die drei Göttinnen *Hera*, *Athene* und *Aphrodite*, wer von ihnen die Schönste sei. *Paris*, der Sohn des trojanischen Königs *Priamos*, sollte die Frage beantworten. Er entschied sich für Aphrodite und überreichte ihr einen Apfel als Siegprämie. Zum Dank dafür half sie ihm, *Helena*, die Königin von Sparta und angeblich schönste Frau auf Erden, für sich zu gewinnen. Paris entführte Helena nach Troja. Damit zog er sich den Zorn des Königs von Sparta, *Menelaos*, zu. Die Spartaner zogen daraufhin gemeinsam mit anderen Griechen gegen Troja.

Auf den Spuren Homers
In den Mythen und in den Erzählungen Homers klingt der Trojanische Krieg wie eine erfundene Geschichte. Sie erzählen, warum alle großen Helden Griechenlands vereint nach Troja zogen, wie die Götter in dem zehnjährigen Kampf mitwirkten und wie die Stadt des Königs Priamos schließlich erobert wurde und in Flammen aufging.
Aber die Archäologen, allen voran *Heinrich Schliemann*, fanden an den beschriebenen Stellen wirklich zerstörte Stadtmauern, die auf eine große Katastrophe um das Jahr 1200 v. Chr. hindeuten. Die Ausgräber fanden auch viele Hinweise darauf, dass Troja vor der Zerstörung ein reiches Handelszentrum war. Warum dort ein Krieg stattfand, konnten sie nicht herausfinden.

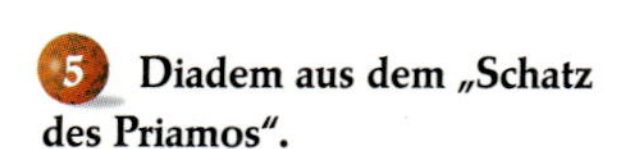

5 Diadem aus dem „Schatz des Priamos".
Rekonstruktion des Kopfschmucks aus dem 16. Jh. v. Chr.
Der deutsche Kaufmann Heinrich Schliemann erfüllte sich mit 42 Jahren seinen Jugendtraum: Er begann ein Studium in Paris und widmete sich ab 1869 ganz der Archäologie. 1870 zog er nach Athen und begann seine ersten Grabungen in Troja. Seine Idee war es, die von Homer in der „Ilias" genannten Stätten zu finden. Ein Höhepunkt seiner Arbeit war der Fund des „Priamosschatzes" um 1873. Wie ein Diadem getragen wurde, zeigt das Bild von Sophia Schliemann, der Ehefrau des Forschers. Informiere dich über das Leben des Ausgräbers Heinrich Schliemann.

M 1 Die olympischen Götter im Trojanischen Krieg. *Links die Götter auf Seiten der Griechen, rechts die auf Seiten der Trojaner.*

M 2 Trojas Untergang
In der Nacherzählung der „Ilias" und „Odyssee" von Walter Jens heißt es über das Eingreifen der Götter:

Während Griechen und Trojaner sich rüsteten, versammelten sich die Götter im goldenen Hause des Zeus. [...] Als sie sich alle versammelt hatten in den 5 herrlich leuchtenden Hallen des hohen Olymp, hob Zeus gewaltig die Stimme: „Nun, da die Tage des heiligen Troja sich neigen, ist es mein Wille, dass ihr alle zur Erde hinabgeht und den Men- 10 schen helft, die euch am liebsten sind. Die einen mögen die Griechen beschirmen, die anderen sollen wachen, dass Achilleus die Stadt nicht erobert. [...]"

Die List, mit der die Griechen Troja eroberten, erzählt Jens so nach:

[...] Schrecklich erging es den griechi- 15 schen Helden, ehe Odysseus endlich den Plan fand, mit dessen Hilfe im zehnten Jahre das heilige Troja versank.
Eilig zogen die Griechen sich nach Tenedos, einer benachbarten Insel zu- 20 rück. Nur ein riesiges hölzernes Pferd [...] und ein tapferer Mann namens Sinon blieben vor Troja zurück. Dieser Sinon, so war es geplant, sollte den Troern erzählen, das Pferd sei ein 25 Weihgeschenk für die erzürnte Athene; er selbst aber, Sinon, wäre ein griechischer Flüchtling, ein grimmiger Feind des Odysseus.
Und so geschah es. Die Griechen ver- 30 brannten das Lager und zogen davon. Die Troer jubelten laut, öffneten dann die Tore der Stadt und zogen das Pferd hinauf zu dem großen Platz vor dem Königspalast auf der Burg [...]. Nur die 35 Priesterin Kassandra und Laokoon, ein frommer Mann, durchschauten den Trug; doch keiner war bereit, den Klagen zu glauben [...]. Niemand aber bemerkte, dass sich im Bauch des Pferdes 40 zwölf Männer versteckt hielten, die darauf warteten, dass Sinon ihnen das vereinbarte Zeichen gab.

Ilias und Odyssee, nacherzählt von Walter Jens, Ravensburg [18]2001, S. 39 und 50

M 3 Trojanisches Pferd.
In Troja steht heute ein neues hölzernes Pferd. Kinder können über eine Leiter in das Innere des großen Holzpferdes klettern und griechische Eroberer spielen.

Lesetipps → *Katherine Allfrey, Die Trojanerin, München 2000; Richard Carstensen, Griechische Sagen, München 1993; Gerhard Fink, Who's who in der antiken Mythologie, München 1993; Christoph Haußner und Matthias Raidt, Rüya und der Traum von Troia, Hamm 2001; Auguste Lechner, Ilias. Der Untergang Trojas, Würzburg: 10. Auflage 1997.*

CD-ROM-Tipp → *Troja – 3000 Jahre Geschichte im Modell, Stuttgart: Theiss*

Internettipp → *Einige von Gustav Schwab bearbeitete Sagen des Altertums findest du unter: http://gutenberg.spiegel.de/schwab/sagen/schsagen.htm*

Bastelbogen → *Ein 35 cm hohes Papiermodell des Trojanischen Pferdes und Krieger in zeitgemäßen Rüstungen bietet: Christoph Haußner, Odysseus' Wunderwaffe, Hamm: Roseni*

1. *Informiert euch über die in M 1 und M 2 genannten Götter. Verfasst Kurzbeschreibungen.*
2. *Was haben alle griechischen Götter mit den Menschen gemeinsam, was unterschied sie von ihnen?*
3. *Erzählt die Geschichte vom Untergang Trojas (M 2, Zeilen 14 ff.) zu Ende.*

Feste für die Götter

1 Eine Familie schreitet zum Opfer.
Bemalte Holztafel aus Korinth, um 540 v. Chr.
An der Spitze der Prozession geht eine Frau, sie trägt auf dem Kopf einen Korb mit Gegenständen, die man für das Opfer benötigte. Beschreibe die anderen Teilnehmer.

Jede Feier ein Gottesdienst
Die Griechen achteten die Götter. Alles, was sie allein oder in Gemeinschaft unternahmen, begannen sie mit Gebet und Opfer. Sie dankten ihren Göttern und Göttinnen für die gewährte Unterstützung oder versuchten sie für die Zukunft günstig zu stimmen. Die Menschen opferten ihnen die ersten Früchte des Feldes oder die kräftigsten Tiere ihrer Herde und bauten ihnen prächtige Tempel. Regelmäßig veranstalteten die Griechen feierliche Umzüge, festliche Tänze, Theateraufführungen und große Wettkämpfe. Dabei gedachten sie immer auch der Toten und bewahrten das Andenken an gewonnene Schlachten. Alle Feste waren eine Form des Gottesdienstes, niemals nur ein Vergnügen.
Herrscher und Priester ordneten die Feiern für ihre Polis an. Sie boten sowohl den Stadtstaaten als auch einzelnen Vornehmen die Gelegenheit, Macht und Reichtum zur Schau zu stellen. Gleichzeitig dienten sie dem inneren Frieden, da die reichen Bürger die hohen Kosten für die aufwändigen Feste übernahmen. Insofern stärkten sie das Zusammengehörigkeitsgefühl der Bürger und den Stolz auf ihre Poleis. Zudem versuchten Politiker die Bürger durch prächtige Feste für sich und ihre Politik zu gewinnen.

Das größte Fest der Athener
Allein die Athener feierten im 5. Jh. v. Chr. im Verlauf eines Jahres über vierzig Feste. Das wichtigste und schönste waren die seit dem 6. Jh. v. Chr. alle vier Jahre im Sommer stattfindenden großen *Panathenäen*: das Geburtstagsfest der Stadtgöttin und Schutzpatronin *Athene*. Auf dem Höhepunkt der viertägigen Feiern säumten viele Menschen, darunter die Gesandten der verbündeten Staaten, die Heilige Straße, auf der eine lange Prozession feierlich zur Akropolis hinaufzog.* An der Spitze gingen Priester und die obersten Beamten, gefolgt von Jungfrauen, Opfertieren, Opferträgern und Musikern. Mit Spannung wurde dann ein Wagen in Form eines Schiffes erwartet, an dessen Mast ein prächtiges neues Gewand für die Statue der Athene im Parthenon-Tempel** hing.
Zu den Panathenäen gehörten Sportwettkämpfe und musikalische Wettbewerbe, später auch Theatervorstellungen. Den Abschluss des Festes bildete immer ein Essen, bei dem das Fleisch der Opfertiere verzehrt wurde.

* *Welchen Weg die Prozession in Athen nahm, kannst du auf Seite 88 f. erkennen.*

** *Eine Zeichnung des Tempels findest du auf Seite 99.*

1. *Erkläre, welchen Zwecken die Feste im alten Griechenland dienten.*
2. *Erstelle eine Liste heutiger Festtage. Nenne Gemeinsamkeiten und Unterschiede.*

Die Olympischen Spiele

„Immer der Beste zu sein und die Anderen zu übertreffen", so beschrieb Homer das Bestreben der Griechen. Die Feste der Griechen in Olympia, aber auch in Korinth, Delphi und anderen Städten und Heiligtümern zeigen diesen Wettkampfgedanken.
In Olympia befanden sich alte und bedeutende Heiligtümer für Zeus und Hera, die „Königin der Götter", die über das Leben der Frauen wachte und Mutterschaft, Geburt und Ehe schützte. Zeus und Hera zu Ehren fanden seit etwa dem 11. Jh. v. Chr. regelmäßig Olympische Spiele statt, zu denen Wettkämpfe gehörten. Erst ab 776 v. Chr. sind die Namen der Sieger der „großen Olympien" überliefert. Sie fanden alle vier Jahre statt, und nach ihnen bestimmten die Griechen ihre Zeitrechnung (776 v. Chr. = 1. Jahr der 1. *Olympiade*).
Im Laufe ihrer über tausendjährigen Geschichte änderte sich der Ablauf der Feier. Aus einem Festtag wurden schließlich fünf. Zum ursprünglichen Stadionlauf kamen Weitsprung, Diskuswerfen, Ringkampf und Wagenrennen. Nicht nur Sportler stritten um Anerkennung und Preise, sondern auch Sänger und Dichter.
Die Zahl und der Kreis der Teilnehmer änderten sich mit der Zeit. Anfangs nahmen wohl nur Angehörige vornehmer Adelsgeschlechter weniger griechischer Städte teil, später kamen die Teilnehmer von überall, wo Griechen lebten.
Grundsätzlich durften an den Spielen in Olympia nur wehrfähige Männer, die Bürgerrechte besaßen, teilnehmen. Verheiratete Frauen wurden nicht einmal als Zuschauerinnen zugelassen; dagegen verwehrte man Mädchen und Sklaven das Zuschauen nicht. Für Frauen soll es eigene Wettkämpfe gegeben haben.

Der „Olympische Friede"

„Das Fest des Zeus ist wiederum nahe, aller Streit soll ruhen, jeder Waffenlärm schweige! Frei mögen auf allen Land- und Wasserstraßen die Pilger heranziehen zu der gastlichen Schwelle des Zeus!"
Mit diesen oder ähnlichen Worten zogen alle vier Jahre die Boten Olympias aus, um zu den „großen Olympien" einzuladen. Diese Botschaft führte nicht unbedingt zur Einstellung aller Kriege in Griechenland. Immerhin schützte sie die an- und abreisenden Teilnehmer.

Ruhm, Lohn und Unsterblichkeit

Wer bei den Wettkämpfen in Olympia gewann, erhielt einen „Kranz des Zeus" aus den Zweigen des heiligen Ölbaumes. In der Heimat erwarteten den Olympiasieger weitere Auszeichnungen. In Athen bekam er um 600 v. Chr. eine Geldprämie von 500 Drachmen – ein Vermögen, denn ein Ochse kostete damals fünf Drachmen. Außerdem wurde der Sieger lebenslang von Steuern und Abgaben befreit und durfte – dies galt als besondere Auszeichnung – bis an sein Lebensende im Kreis der höchsten Würdenträger und verdientesten Bürger der Polis umsonst speisen.
Darüber hinaus fertigten Künstler von den siegreichen Olympioniken* Statuen an, die auf öffentlichen Plätzen aufgestellt wurden. Dichter verfassten Verse über deren Erfolg. Dies alles sollte die Olympiasieger unsterblich machen – also göttergleich – und den Ruhm ihrer Heimatstadt vermehren.

**Olympio-nike: Olympiasieger*

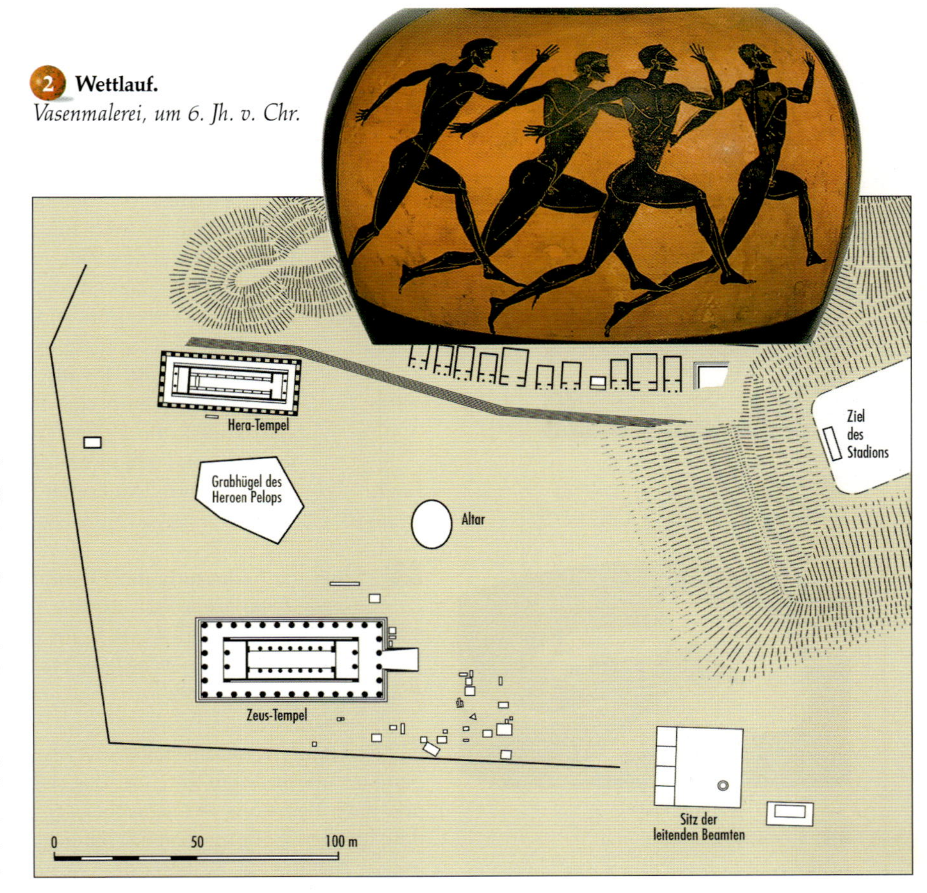

2 Wettlauf.
Vasenmalerei, um 6. Jh. v. Chr.

3 Olympia im 6./5. Jh. v. Chr.
Grundriss.
Was liegt im Mittelpunkt des Heiligtums? Erkläre, warum!

Fair play?

Für die Teilnehmer stand viel auf dem Spiel. Daher ist es kaum verwunderlich, dass die Wettkämpfe nicht immer fair verliefen. Bei den Wagenrennen wurde so rücksichtslos gefahren, dass es zu tödlichen Unfällen kam. Hinzu kamen Bestechung und Betrug. Dies alles wissen wir aus Strafbestimmungen, die ab dem 6. Jh. v. Chr. eingeführt wurden.

M 1 Diskuswerfer.
Vasenmalerei, um 500 v. Chr.

M 2 Weitsprung.
Malerei auf einer Schale, um 480 v. Chr.

M 3 Wagenrennen.
Vasenmalerei, um 400 v. Chr.
Nur Adlige und Reiche konnten sich Wagenrennen leisten. Sie nahmen an den Rennen meist nicht selbst teil, sondern überließen ihre Pferde und Fahrzeuge angeworbenen Wagenlenkern.
Die olympischen Ehren erhielten aber die Besitzer der Wagen. Aus diesem Grunde konnten im 4. und 3. Jh. v. Chr. auch zwei Frauen „Olympiasieger" werden.

M 4 Höhepunkte der Olympischen Spiele

Im 5./4. Jh. v. Chr. verlaufen die Spiele in etwa wie folgt:

Erster Tag	Eröffnung und Eid aller Athleten (einschließlich ihrer Verwandten und Betreuer) vor der Statue des Zeus; Wettkämpfe der Knaben (12–18-jährige): Wettlauf, Ringen und Faustkampf
Zweiter Tag	Wagenrennen der Vier- und Zweigespanne, Wettreiten, Fünfkampf (Diskuswerfen, Weitsprung, Speerwerfen, Laufen und Ringen); Totenopfer
Dritter Tag	Feierliche Prozession zum großen Altar des Zeus: Höhepunkt des Festes; danach Langlauf (rund 3840 m), Stadionlauf (rund 192 m) und Doppellauf (rund 384 m)
Vierter Tag	Ringen, Faustkampf und Pankration (eine Art Catchen, bei dem Würgen, Treten und Beißen erlaubt waren) und zum Abschluss der Waffenlauf (rund 384 m mit einem bronzenen Schild am linken Arm)
Fünfter Tag	Siegerehrung, Dankopfer und Festessen

Ludwig Drees, Olympia. Götter, Künstler und Athleten, Stuttgart 1967, S. 77 ff. (vereinfacht)

M 5 Über die Bedeutung der Olympischen Spiele

Der Redner und Schriftsteller Isokrates aus Athen verfasst für die Olympischen Spiele von 380 v. Chr. eine „Festschrift". Darin fordert er die zerstrittenen griechischen Staaten zur Einigkeit auf, da ganz Griechenland von außen bedroht wird. In diesem Zusammenhang hebt er die Bedeutung der Festspiele hervor und schreibt:

Mit Recht lobt man diejenigen, welche die Festversammlungen eingeführt haben, denn sie überlieferten die Sitte, dass wir uns nach Verkündung des Gottesfriedens und nach Beilegung der schwebenden Feindschaften an einem Ort zusammenfinden, um den Göttern gemeinschaftlich Gebete und Opfer darzubringen. Dabei erinnern wir uns der bestehenden Verwandtschaft, verbessern für die Zukunft das gegenseitige Verständnis, erneuern alte und schließen neue Freundschaften.

Isokrates, Panegyrikos 43, übers. von Theodor Flathe, Berlin o. J. (vereinfacht)

M 6 Die erste Olympiasiegerin im Tennis.
Charlotte Cooper aus England. Foto von 1900.
Die ersten Olympischen Spiele der Neuzeit fanden 1896 in Athen statt. Aber erst 1900 erhielten sechs Frauen aus vier Ländern die Erlaubnis, an den Olympischen Spielen teilzunehmen. Ihre Teilnahme beschränkte sich auf Sportarten wie Tennis und Golf.

1. *Die Weitspringer in Olympia sprangen aus dem Stand und hielten Gewichte in beiden Händen (M 2). Heute ist Weitsprung eine andere Sportart. Findet weitere olympische Disziplinen, die sich verändert haben.*
2. *Lies den Lehrbuchtext und M 5 und erkläre, warum die Olympischen Spiele für alle Hellenen so wichtig waren.*
3. *Stelle dir vor, ein Grieche aus früherer Zeit erlebt die heutigen Olympischen Spiele. Schreibe für ihn einen Brief, in dem er einem Freund Bekanntes und Befremdliches mitteilt.*

Sparta – ein Staat von Kriegern?

Die „Herren" auf dem Peloponnes

Sparta fiel durch seinen ungewöhnlich großen Einflussbereich auf, der fast die gesamte Südhälfte der Halbinsel Peloponnes umfasste. Wie kam es dazu? Nach 1000 v. Chr. drangen die *Dorer* (dt. *Speerleute*) in das fruchtbare Tal des Eurotas ein und gründeten Sparta. Es bestand nicht aus einer Siedlung mit einer befestigten Burg wie die meisten griechischen Poleis, sondern aus fünf Dörfern, die wenige Kilometer auseinander lagen.

Die gesamte Ebene konnten die Spartaner erst nach über hundert Jahren erobern. Sie blieben auch nach der Einwanderung an Kampf und Krieg gewöhnt. Das hatte Folgen: Als die Bevölkerung wuchs und das Land knapp wurde, lösten die Spartaner das Problem nicht wie andere griechische Poleis durch Kolonisation. Sie eroberten stattdessen in ihrer Nachbarschaft das dicht besiedelte, fruchtbare und reiche Messenien jenseits des Taygetosgebirges.

1 Spartanischer Krieger.
Etwa 15 cm hohe Bronzefigur, 5. Jh. v. Chr.

2 Der Peloponnes.

Sieger und Besiegte

Das neue Land teilten die Spartaner durch Los gleichmäßig unter sich auf. Seine 300 000 Bewohner wurden Sklaven, die man hier **Heloten** nannte. Sie gehörten dem spartanischen Staat. Der wies sie spartanischen Bürgern zu, damit sie deren Landbesitz bewirtschafteten. Die Heloten lebten zwar mit ihren Angehörigen in Familien zusammen, mussten aber hohe Abgaben an ihre Herren leisten und hatten keine Rechte. Damit sie nicht zu gefährlich wurden, erklärten ihnen die Spartaner alljährlich den Krieg. Es wurde gerne gesehen, wenn junge Spartaner Jagd auf Heloten machten: Sie zu töten galt als Mutprobe oder Sport.

Siege haben ihren Preis

Die Spartaner mussten immer mit Aufständen der Heloten rechnen. Da sie ihre Herrschaft nicht aufgeben wollten, sahen sie nur einen Ausweg: Sparta musste unbesiegbar bleiben. Seit dem 7. Jh. v. Chr. lebten die rund 6000 waffenfähigen Männer, die **Spartiaten**, ständig wie im Krieg. Sie verbrachten den größten Teil ihres Lebens getrennt von ihren Familien in Tisch- oder Zeltgemeinschaften, in denen sie die Mahlzeiten einnahmen und sich im Kampf übten. Es war ihnen verboten, auf dem Feld zu arbeiten, Handel zu treiben oder einen anderen Beruf auszuüben. Dies überließen sie den etwa 60 000 **Periöken** (dt. *Umwohnern*). Das waren die Nachkommen besiegter Anwohner des Eurotastales, die nicht versklavt, aber auch nicht in die Gemeinschaft der Spartaner aufgenommen worden waren. Sie mussten Steuern zahlen und im Heer dienen, hatten aber keine Mitspracherechte.

3 Das Taygetosgebirge.
Das Gebirge trennt Lakonien von Messenien. Im Vordergrund die fruchtbare Ebene von Sparta.

4 Spartanisches Mädchen.
12 cm hohe Bronzefigur, um 500 v. Chr. Laufen, Ringen, Diskus- und Speerwerfen gehörten zu den von Mädchen ausgeübten Sportarten.

Spartanische Erziehung
Jungen und Mädchen galten als Eigentum des Staates. Sie wurden „dazu erzogen, nicht eklig und wählerisch beim Essen zu sein, keine Angst zu haben im Dunkeln oder wenn sie allein waren und frei zu sein von hässlicher Übellaunigkeit und Weinerlichkeit". Dies berichtet uns der griechische Geschichtsschreiber *Plutarch* rund 500 Jahre nach Spartas Glanzzeit.
Die Jungen wuchsen in Lagern auf, wo sie im Kriegshandwerk gedrillt wurden und Gehorsam lernten. Mit 20 Jahren wurden die jungen Spartiaten Soldaten. Mädchen wurden ähnlich erzogen wie Jungen. Sie mussten viel Sport treiben, denn man glaubte, dass nur kräftige Frauen gesunde Kinder zur Welt bringen. Verheiratet wurden sie erst als Erwachsene und nicht wie in anderen griechischen Staaten als Jugendliche.

Die Rolle der Frauen
Die Spartanerinnen verwalteten das Landgut der Familie und beaufsichtigten die Heloten, während ihre Männer sich in den Zeltgemeinschaften oder im Krieg aufhielten. Die Spartiaten waren davon abhängig, dass ihre Frauen gut wirtschafteten. Denn der Mann, der nichts zum Unterhalt seiner Tischgemeinschaft beitrug, wurde aus dem Kreis der Spartiaten ausgeschlossen.
Einige Geschichtsschreiber berichten, spartanische Frauen hätten auch gegenüber Männern ihre politische Meinung gesagt. Wir wissen nicht, ob das stimmt. Jedenfalls wäre es nicht verwunderlich, denn Frauen erfüllten nicht nur selbstständig viele Aufgaben, sie hatten sogar oft eigenen Grundbesitz.

Königs- oder Volksherrschaft?
Während der ständigen Kriege bildete sich im 7. Jh. v. Chr. die spartanische **Staatsform** heraus.
An der Spitze des Staates standen zwei Könige, die ihr Amt vererbten. Sie vertraten die Polis vor den Göttern und führten das Heer. Sie wurden von fünf **Ephoren** (dt. *Aufseher*) beaufsichtigt und von einem **Rat der Alten** (*Gerusia*) beraten. Während die Ephoren von der Volksversammlung für ein Jahr gewählt wurden, bestand der Rat der Alten aus 28 lebenslang amtierenden Mitgliedern, die über 60 Jahre alt waren, und zwei erblichen Königen. Die Ephoren leiteten den „Rat der Alten", überwachten die Einhaltung der Verfassung* und konnten sogar die Könige anklagen. Unter ihrem Vorsitz tagte die monatliche **Volksversammlung**. Hier trafen sich alle Spartiaten, die wehrfähigen Männer über 30 Jahren. Allein diese **Vollbürger** entschieden über Gesetze, Verträge sowie über Krieg und Frieden. Die Perioken waren politisch ohne Einfluss, also Nichtbürger, und die Heloten rechtlose Sklaven.
Auch der Einfluss der Spartiaten war begrenzt: Sie konnten die Vorschläge der Ephoren oder des Rates der Alten nur ablehnen oder annehmen, nicht aber selbst Gesetze vorschlagen oder über die Anträge diskutieren. Hielten der Rat der Alten und die Könige einen Volksbeschluss für falsch, konnten sie ihn für ungültig erklären.

*Verfassung: *Grundsätze, in denen die Staatsordnung und die Rechte und Pflichten der Bürger festgelegt sind.*

Sparta: Herrscher über einen Bund
Im Krieg galten die Spartaner als unbesiegbar. Trotzdem waren sie zu wenige, um die gesamte Peloponnes zu erobern. Sie schlossen daher mit anderen Stadtstaaten der Halbinsel Verträge. So entstand im 6. Jh. der **Peloponnesische Bund**. Obwohl in ihm seit etwa 500 v. Chr. mit der Mehrheit der Stimmen entschieden wurde, beherrschte Sparta ihn militärisch. Kein Bundesgenosse konnte etwas ohne oder gar gegen Sparta unternehmen.

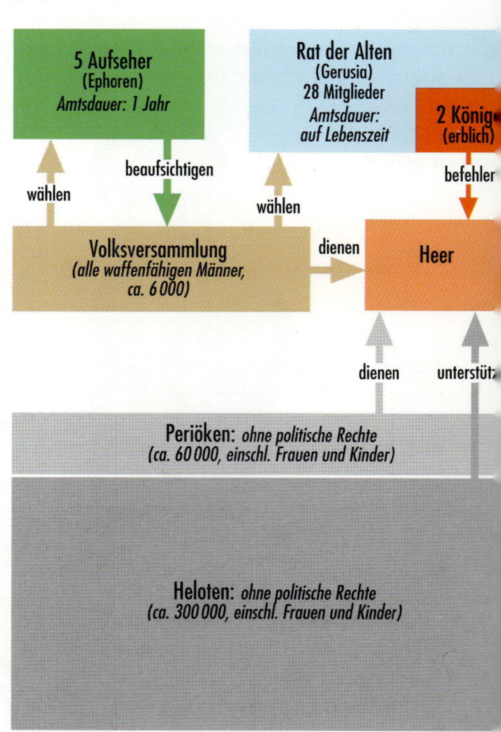

5 Bevölkerung und politische Ordnung Spartas um 500 v. Chr.

M 1 Junge Spartanerinnen fordern Jungen zum Wettkampf heraus.
Ölgemälde (97,4 x 140 cm) von Edgar Degas, 1860. Bilder wie dieses nennen wir **Historienbilder**. *Sie stellen ein bestimmtes Ereignis oder typische Zustände aus der Historie (Geschichte) dar. Degas malte dieses Bild mehr als 2000 Jahre nach dem Ende des spartanischen Staates.*

LERNTIPP

M 2 Der Mensch gehört dem Staat
Der griechische Schriftsteller Plutarch (um 45-120 n. Chr.) schreibt:

Die zur Welt Gekommenen aufzuziehen unterlag nicht der Entscheidung des Vaters, sondern er hatte den Säugling an einen Ort zu bringen, wo die 5 Ältesten der Gemeindegenossen saßen und das Kind untersuchten und, wenn es wohlgebaut und kräftig war, seine Aufzucht anordneten [...]; war es aber schwächlich und missgestaltet, so lie-10 ßen sie es zu einem Felsabgrund am Taygetos-Gebirge bringen. Denn sie meinten, für ein Wesen, das von Anfang an nicht fähig sei, gesund und kräftig heranzuwachsen, sei es besser, 15 nicht zu leben, sowohl um seiner selbst wie um des Staates willen [...].
Die Knaben gab man nicht in die Hände von gekauften oder gemieteten Erziehern, noch durfte jeder seinen Sohn 20 halten und aufziehen wie er wollte, sondern der Staat nahm sie, sobald sie sieben Jahre alt waren, zu sich und teilte sie in Gruppen, in denen sie miteinander aufwuchsen, erzogen und gewöhnt 25 wurden, beim Spiel wie bei ernster Beschäftigung immer beisammen zu sein [...]. Lesen und Schreiben lernten sie nur so viel, wie sie brauchten; die ganze übrige Erziehung war darauf gerichtet, 30 dass sie pünktlich gehorchen, Strapazen ertragen und im Kampfe siegen lernten [...].
Die Zucht erstreckte sich bis auf die Erwachsenen. Keinem stand es frei, zu le-35 ben, wie er wollte, sondern sie lebten in der Stadt wie in einem Feldlager nach strengen Vorschriften für all ihr Verhalten und ihre Beschäftigung in der Öffentlichkeit, und überhaupt glaubten sie 40 nicht sich, sondern dem Vaterland zu gehören.

Plutarch, Große Griechen und Römer, Lykurgos 16 u. 24, übers. von Konrat Ziegler, Bd. 1, Zürich - München [3]1979 (vereinfacht)

1. *Was mag Degas zu dem Bild (M 1) veranlasst haben? Verfasse ein Streitgespräch zwischen den Mädchen und Jungen. Berücksichtige die Darstellung und M 2.*
2. *Stelle dir vor, du lebtest in Sparta. Was würde dir gefallen, was nicht? Begründe!*
3. *Nenne Ziel und Mittel der Erziehung (M 2).*

LERNTIPP

Athen – auf dem Weg zum „besten Staat“

Der Adel herrscht zunächst allein
Athen war seit dem 8. Jh. v. Chr. keine Monarchie mehr, sondern eine Aristokratie. Der Adel teilte sich Macht und Verantwortung für die Polis. Damit nicht ein Einzelner zu mächtig werden konnte, wählte der Adel zunächst drei, später neun Männer aus seinen Reihen, die als *Archonten* (dt. *Herrscher, Leiter*) regierten. Sie führten die Truppen, sprachen Recht und beaufsichtigten die Verehrung der Götter. Die Archonten versahen ihr Amt für ein Jahr. Danach wurden sie in den *Adelsrat* aufgenommen, der auf dem „Hügel des Ares“ tagte und daher *Areopag* hieß.* Er überwachte die Archonten und bestimmte die Politik.

* *Der Sage nach hatte sich dort Ares, der Gott des Krieges, einst wegen eines Verbrechens verantworten müssen.*

Die Bauern sind unzufrieden
Der Adel nutzte seine Macht aus. Nach Kriegen oder Missernten mussten sich verarmte Bauern von den adligen Großgrundbesitzern Geld leihen, wenn sie ihre Höfe weiterführen wollten. Als Sicherheit verpfändeten sie ihr Land oder ihre Arbeitskraft bzw. die ihrer Familienmitglieder. Blieben die erwarteten Ernteerträge aus, verloren viele Bauern ihre Höfe oder gerieten in die **Schuldknechtschaft**. Das heißt, sie mussten ihre Schulden abarbeiten. Manche Gläubiger verkauften die Schuldner als Sklaven. Die bäuerlichen Schuldner konnten sich gegen eine ungerechte Behandlung kaum wehren. Denn die Richter waren Adlige und damit parteiisch.

Die unzufriedenen Bauern wollten dies nicht länger dulden. Sie forderten Schuldenerlass, Abschaffung der Schuldknechtschaft, Neuverteilung des Landes sowie eine Festschreibung des Rechts. Dabei unterstützten sie die aufstrebenden Handwerker und Händler Athens. Denn seit der Einführung der Phalanx waren es reiche Bürger und Bauern, die die Mehrheit der Hopliten stellten. Nun verlangten sie entsprechend ihren militärischen Pflichten und Leistungen eine Beteiligung an der Regierung.

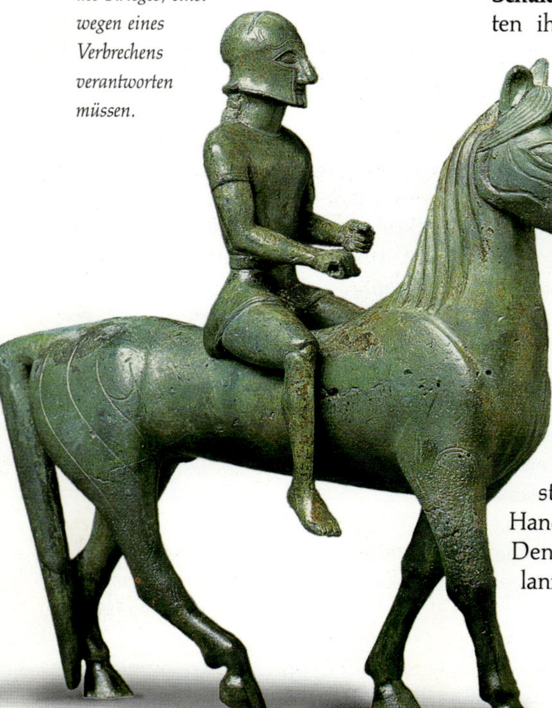

1 Adliger Krieger.
Etwa 10 cm hohe Bronzefigur, um 550 v. Chr.

2 Attika und Athen.
Ganz Attika gehörte zur Polis Athen. Die Halbinsel umfasst ungefähr 2 600 km², dies entspricht etwa der Größe des Saarlandes.

3 Bauer beim Pflügen.
Figurengruppe aus gebranntem Ton, 7. Jh. v. Chr.

Solon sucht eine Lösung

Nach heftigen Aufständen bestellten einsichtige Athener im Jahre 594 v. Chr. einen klugen Schlichter: den verarmten Adligen *Solon*. Dieser strich die Schulden der Bauern und schaffte die Schuldknechtschaft ab. Dann teilte er die Vollbürger, also alle wehrfähigen Männer, in vier Einkommensklassen ein: Den untersten Rang nahmen Lohnarbeiter, arme Bauern und Handwerker ein, die als Leichtbewaffnete ins Feld zogen oder die Kriegsschiffe ruderten. Darüber standen die Bauern und Handwerker, die sich eine Hoplitenausrüstung leisten konnten. Es folgten die wohlhabenden Bürger, die im Heer als Reiter dienten. Die reichsten unter diesen „Rittern" bildeten die erste Klasse. Sie stellte die Heerführer (*Strategen*).

Alle Bürger, die das Einkommen für die erste Klasse nachweisen konnten, durften jetzt Archonten werden. Der Areopag bestimmte zwar weiterhin die Richtlinien der Politik, doch er musste sich nun die Macht mit anderen Einrichtungen teilen: Die Verwaltung der Polis übernahm ein **Rat der 400**, in den Bürger der drei oberen Klassen gewählt werden konnten. Einen Teil der Rechtsprechung übten nun *Volksgerichte* aus. In sie konnten Bürger aller Klassen berufen werden.

4 Ostrakon.
Tonscherbe mit dem (falsch geschriebenen) Namen des athenischen Staatsmannes Aristeides, der 482 v. Chr. durch ein Scherbengericht verbannt wurde. Bereits zwei Jahre später riefen ihn die Athener zurück, da sie ihn als Heerführer brauchten. Übrigens: Welche Fähigkeit setzte das Scherbengericht bei den Bürgern voraus?

Reiche Bürger reden mit

Gemeinsam durften alle Bürger in der **Volksversammlung** mitreden und abstimmen, wenn dort Gesetze beschlossen und die Beamten gewählt wurden oder wenn es um Krieg und Frieden ging.

Nach den Reformen Solons war Athen keine Aristokratie mehr. Nicht mehr die Herkunft, sondern das Einkommen entschied über die Rechte der Bürger in der Polis. Die dahinter stehende Idee lautete: Wer reich ist, kann viel für den Staat leisten, vor allem für die Sicherheit der Polis. Daher sollte er auch mehr Rechte im Staat haben als weniger Reiche oder Besitzlose. Und noch mehr: Wer keinen Militärdienst leistete, hatte keine Mitbestimmungsrechte in öffentlichen Angelegenheiten, war also kein Vollbürger. Nichtbürger waren Frauen, fremde Mitbewohner (*Metöken*) sowie alle versklavten Männer und Frauen.*

50 Jahre Tyrannis

Solons Reformwerk war nicht von Dauer. Den Adligen gingen die Neuerungen zu weit, den ärmeren Bürgern nicht weit genug. Die Unzufriedenheit der Armen in der Stadt und der kleinen Bauern auf dem Lande nutzte der Adlige *Peisistratos* aus. Er machte sich um 560 v. Chr. zum Alleinherrscher. Solche Herrscher, die die Macht weder geerbt noch auf üblichem Wege übernommen hatten, nannten die Griechen **Tyrannen**.

Der Form nach ließ Peisistratos die Verfassung Solons bestehen. Allerdings konnten nur seine Gefolgsleute wichtige Ämter übernehmen. Zugleich kümmerte sich Peisistratos um die Masse der

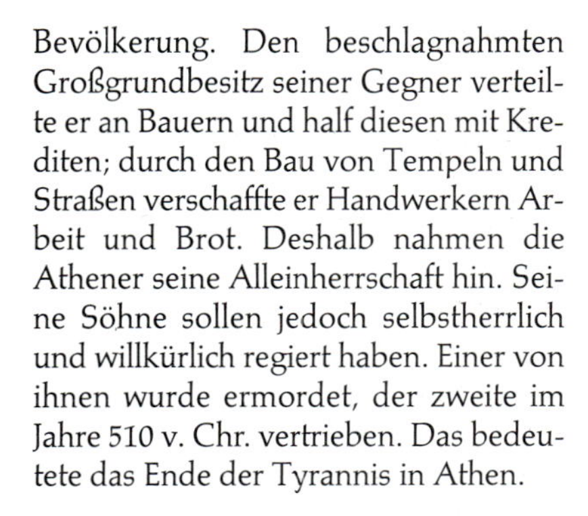

Bevölkerung. Den beschlagnahmten Großgrundbesitz seiner Gegner verteilte er an Bauern und half diesen mit Krediten; durch den Bau von Tempeln und Straßen verschaffte er Handwerkern Arbeit und Brot. Deshalb nahmen die Athener seine Alleinherrschaft hin. Seine Söhne sollen jedoch selbstherrlich und willkürlich regiert haben. Einer von ihnen wurde ermordet, der zweite im Jahre 510 v. Chr. vertrieben. Das bedeutete das Ende der Tyrannis in Athen.

** Zu den fremden Mitbewohnern und den Sklaven siehe Seite 94.*

Auf dem Weg zur Herrschaft des Volkes

Nach dem Sturz der Tyrannis entbrannte zwischen den adligen Geschlechtern erneut ein Kampf um die Macht. Im Jahre 508 v. Chr. setzte sich der Adlige *Kleisthenes* durch, indem er die Macht des Volkes (griech. *demos*) stärkte. Er ließ die Verfassung Solons bestehen, vergrößerte aber den Rat der 400 auf 500 Mitglieder. Vor allem aber teilte er ganz Attika in zehn neue Wahlbezirke ein. Die Stimmbezirke zerschnitten die alten Einflussbereiche der großen Adelsfamilien und verminderten so deren Einfluss auf die Bürger.

Jeder Wahlbezirk stellte künftig eine eigene Hoplitenabteilung und einen Strategen, der sie führte; ferner stellte er ein Zehntel der Beamten und des Rates der 500.

Kleisthenes soll auch das so genannte Scherbengericht geschaffen haben: den **Ostrakismos**. Fand es auf Beschluss des Volkes statt, dann ritzte jeder Bürger auf eine Tonscherbe den Namen eines unbeliebten Mitbürgers, dessen Verbannung ihm im Interesse der Gemeinschaft erforderlich erschien. Wurden mindestens 6000 Stimmen (Scherben) abgegeben, verbannte man den Politiker, dessen Namen am häufigsten erschien.

1. *Erstelle eine Tabelle der vier Klassen mit ihren Rechten und Pflichten und mache daraus eine Grafik der Verfassung Solons.*
2. *Diskutiert Vor- und Nachteile des Scherbengerichts.*

M 1 Peisistratos – ein „netter" Tyrann?

Aristoteles, der wohl bedeutendste Gelehrte des Altertums, lebt im 4. Jh. v. Chr. Ihm wird ein Werk über den „Staat der Athener" zugeschrieben; zur Tyrannis des Peisistratos heißt es darin:

Peisistratos führte die Regierungsgeschäfte [...] in maßvoller Weise und eher mit bürgerlichem Verantwortungsbewusstsein als tyrannisch. Denn im 5 Übrigen war er menschenfreundlich, milde und gegenüber Übeltätern zur Vergebung bereit, ebenso gab er an Bedürftige Darlehen für Unternehmungen, damit sie sich als Bauern ihren Un- 10 terhalt verdienen könnten. Das tat er aus zwei Gründen: damit sie sich nicht in der Stadt aufhielten [...] und damit sie, in mäßigem Wohlstand und mit ihren eigenen Angelegenheiten be- 15 schäftigt, weder den Wunsch verspürten noch Zeit hätten, sich um das Gemeinwesen zu kümmern. Zugleich gelang es ihm dadurch auch, die Einnahmen zu steigern, da das Land bebaut 20 wurde [...].

Auch sonst hatte das Volk unter seiner Regierung nicht zu leiden, sondern er tat alles für den Frieden und sorgte für Ruhe [...]. Deshalb verblieb Peisistratos 25 auch lange Zeit im Amt [...]; denn es standen die meisten Adligen und Volksvertreter hinter ihm. Die einen machte er sich durch persönlichen Umgang, die anderen durch seine Hilfeleis- 30 tung in ihren Angelegenheiten geneigt; und er verhielt sich gegen beide Parteien anständig.

Aristoteles, Der Staat der Athener 16, übers. v. Peter Dams, Stuttgart 1970

M 2 Die Tyrannenmörder.

Marmorkopie einer etwa 2 m hohen Statuengruppe von 477 v. Chr.
Die Freunde Harmodios und Aristogeiton hatten im Jahre 514 v. Chr. einen der beiden in Athen herrschenden Söhne des Peisistratos getötet. Nach Meinung der Führungsschicht Athens begann damit die Befreiung der Stadt von der Tyrannis. Daher wurde später auf der Agora, dem Marktplatz von Athen, diese Figurengruppe aufgestellt. Deute ihre Körperhaltung.

1. *Wie beurteilst du die Tyrannis des Peisistratos (M 1)?*
2. *Informiere dich mithilfe eines Lexikons über den Begriff „Tyrannis". Vergleiche das Gelesene mit der hier vorgelegten Darstellung der Tyrannis. Welche Gemeinsamkeiten und Unterschiede stellst du fest?*

Griechen gegen Perser

Großkönige herrschen

Um das Jahr 490 v. Chr. erschienen in den Stadtstaaten Griechenlands Gesandte des persischen Großkönigs *Dareios I.* und forderten Erde und Wasser zum Zeichen der Unterwerfung. Wie war das möglich?
Um diese Zeit beherrschte Dareios bereits weite Teile Vorderasiens und Ägyptens. Er und seine Vorfahren hatten in vielen Kriegen mit einer großen Armee und ihren gefürchteten Bogenschützen ein Weltreich erobert, und sie erhoben den Anspruch, die „Könige der Könige", „Herrscher der Welt" (*Großkönige*) zu sein.
Für die Verwaltung ihres Reiches hatten sie eine neue Methode entwickelt. Sie teilten es in 20 **Satrapien** (*Provinzen*) auf, an deren Spitze ein Stellvertreter des Großkönigs stand. Die Bewohner mussten Abgaben an den Großkönig leisten, durften aber in der Regel ihre gewohnte Religion und Kultur behalten und frei wirtschaften.

Zwei Welten treffen aufeinander

Die Perser hatten griechische Orte in Kleinasien unterworfen. Einige dieser Städte erhoben sich unter der Führung Milets im Jahre 499 v. Chr. gegen die persische Vorherrschaft. Vergeblich warteten die Aufständischen auf die Hilfe des Mutterlandes: Die Schiffe aus Athen kamen zu spät. Milet und andere Poleis wurden zerstört. Um weitere Aufstände zu verhindern, wollte Dareios Griechenland unterwerfen. So kam es zum Krieg zwischen Griechen und Persern, die bisher zwar über den Handel und die Griechenstädte in Kleinasien miteinander Kontakt gehabt hatten, jedoch nur wenig voneinander wussten.

1 Der persische Großkönig Dareios I. empfängt eine Gesandtschaft.
Relief von der Nordtreppe des Thronsaales von Persepolis (ca. 6,00 m lang und 4,50 m hoch; 5. Jh. v. Chr.).
Auf dem Thron sitzt Dareios I., der von 521-485 v. Chr. regierte. Zu seinen Füßen stehen Räuchergefäße.
Woran ist seine Macht erkennbar?

Gemeinsam gegen die Perser

Trotz der Übermacht ihrer Truppen scheiterten die Perser in zwei Feldzügen. Die athenischen Hopliten siegten unter *Miltiades* in der **Schlacht bei Marathon** (490 v. Chr.) gegen die persischen Bogenschützen.* Zehn Jahre später kehrten die Perser zurück, um den Misserfolg von Marathon zu rächen. Doch inzwischen hatten die Athener eine große Kriegsflotte gebaut, die sie zur stärksten Seemacht der griechischen Welt machte. Außerdem hatten sich angesichts der persischen Bedrohung mehrere griechische Staaten unter der Führung Spartas zu einem Militärbündnis zusammengeschlossen (481 v. Chr.).

Triumph der Griechen

Die Perser zerstörten zwar im Jahre 480 v. Chr. Athen und steckten die Tempel in Brand, doch die Bevölkerung hatte sich zuvor auf Inseln in Sicherheit gebracht. In der **Seeschlacht von Salamis** (480 v. Chr.) scheiterten die Perser an der Athener Flotte. Ein Jahr später wurden die Perser in der **Landschlacht von Plataiai** von griechischen Hopliten geschlagen.
Um gegen künftige Angriffe gewappnet zu sein, gründete Athen 478/477 v. Chr. den *Attisch-Delischen Seebund*, dem allmählich die meisten Poleis in der Ägäis beitraten.

Aus Unwissen entstehen Vorurteile

Die Griechen wussten auch nach den Perserkriegen nicht viel mehr über die Perser und ihr Land. Doch die Erinnerung an die Bedrohung durch die Perser, an den Krieg und den eigenen Sieg blieb bei ihnen lebendig. So kam es, dass schon bald alles, was mit den Persern zusammenhing, als schlecht galt: Ihre Religionen wurden als Aberglaube belächelt. Auf ihre orientalische, teilweise noch nomadische Lebensweise blickten die Griechen von oben herab. Die beinahe unumschränkte Macht der Großkönige deuteten sie als Gewaltherrschaft, der sich die angeblich feigen Untertanen mit verachtungswürdiger „Unterwürfigkeit" beugten.

* *Ein Läufer soll die Siegesnachricht nach Athen gebracht haben, wo er tot zusammengebrochen sei. Auf diese quellenmäßig ungesicherte Erzählung geht der längste Laufwettbewerb der Leichtathleten zurück: der Marathonlauf. Die Strecke von 42,196 km, die heute gelaufen wird, ist nicht die Entfernung zwischen Marathon und Athen, sondern die zwischen Windsor und London: sie wurde 1908 festgelegt.*

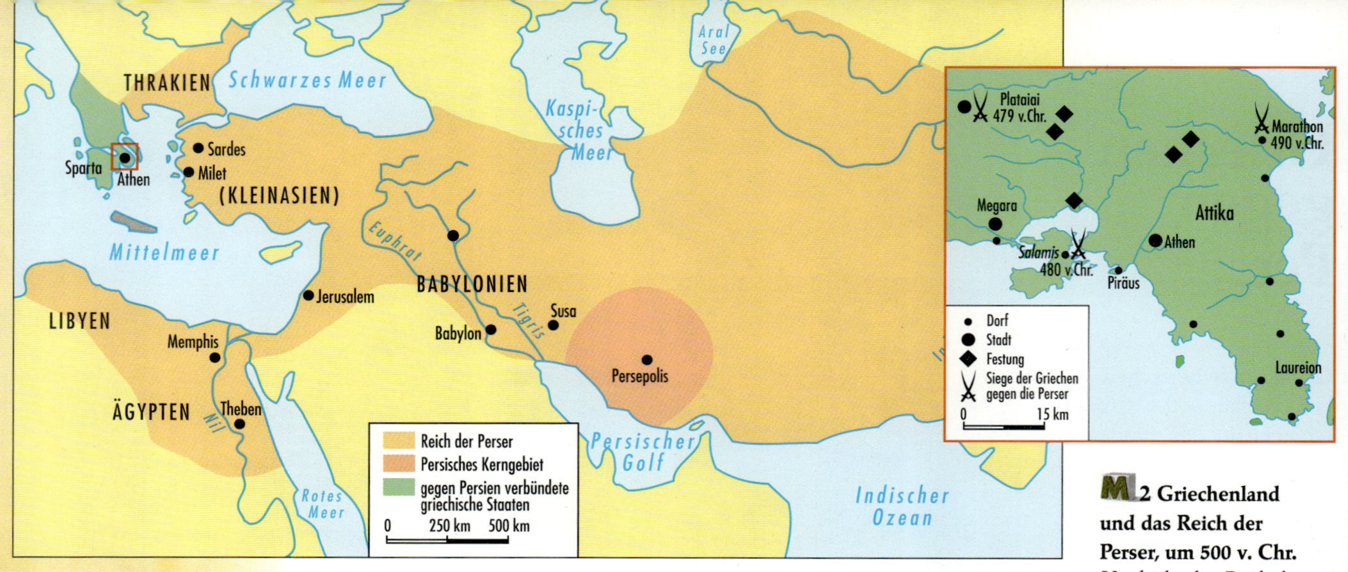

M 2 Griechenland und das Reich der Perser, um 500 v. Chr.
Vergleiche das Reich der Perser mit dem Gebiet der Griechen. Wie beurteilst du die Siegeschancen der Griechen?

M 1 Wofür die Griechen kämpfen
Die Geschichte der Perserkriege ist uns nur aus griechischen Quellen bekannt, vor allem aus dem Geschichtswerk des Herodot. Er gibt darin folgendes Gespräch zwischen zwei spartanischen (= lakedaimonischen) Boten und dem persischen Heerführer Hydarnes wieder, das vor der Schlacht von Salamis geführt worden sein soll.

„Ihr lakedaimonischen Männer! Warum sträubt ihr euch denn, Freunde des Großkönigs zu werden? Ihr seht doch, wie der Großkönig wackere Männer zu ehren weiß. Ihr braucht da nur auf mich und meine Verhältnisse zu schauen. So könnt auch ihr, wenn ihr euch dem Großkönig ergeben würdet, […] wohl jeder von euch über ein Gebiet in Hellas herrschen, das euch der Großkönig anweisen würde." Darauf gaben sie folgende Antwort: „Hydarnes! Der Rat, der sich auf uns bezieht, ist nicht gleichmäßig ausgewogen. Bei dem einen Teil stützest du dich auf deine eigene Erfahrung, bei dem anderen Teil fehlt sie dir. Was es heißt, Sklave zu sein, das weißt du, mit der Freiheit aber hast du noch keine Erfahrung gemacht und weißt nicht, ob sie süß ist oder nicht. Denn wenn du sie gekostet hättest, würdest du uns raten, nicht nur mit Speeren, sondern sogar mit Äxten für sie zu kämpfen."

Herodot, Die Bücher der Geschichte VII, 135, übers. von Walther Sontheimer, Stuttgart 1974

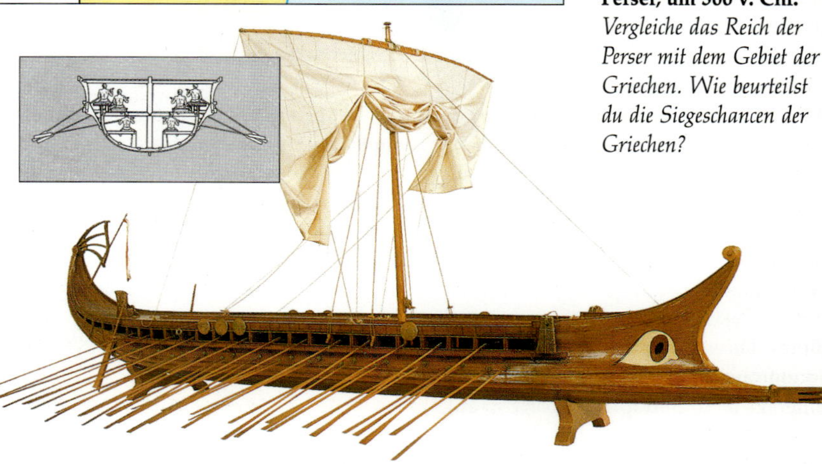

M 3 Attische Triere („Dreidecker").
Rekonstruktion.
Mit diesen Kampfschiffen beherrschten die Athener im 5. Jh. v. Chr. die Ägäis.
Sie waren etwa 40 m lang und 5 m breit. Zur Besatzung gehörten bis zu 170 Ruderer, die in drei Reihen übereinander saßen, dazu kamen zehn Hopliten und vier Bogenschützen. Im Gefecht versuchte man die Ruder der Gegner zu zerbrechen und mit dem am Bug angebrachten Rammsporn die feindlichen Schiffe kampfunfähig zu machen.

M 4 Soldaten der persischen Leibwache.
Ausschnitt aus einem Relief eines Ziegelfrieses auf einer etwa 2 m hohen Mauer des Königspalastes in Susa (Persien/Iran).
Die persischen Truppen bestanden überwiegend aus Söldnern, das heißt aus nichtpersischen Soldaten, die für Geld kämpften.

1. *Nenne das gemeinsame Ziel, das so verschiedene Staaten wie Sparta und Athen nach Herodot hatten (M 1).*
2. *Wie erklärst du dir, dass die Griechen gegen eine solche Übermacht siegten (M 1 bis M 4)?*

Herrscht in Athen das Volk?

1 Perikles.
Büste nach einem Original von 440 v. Chr. Der Künstler hat Perikles mit Helm, also als Feldherrn (Strategen), dargestellt. Perikles stammte aus einer alten Adelsfamlie. Er wurde von 443 bis zu seinem Tod 429 v. Chr. alljährlich in das Strategenamt wiedergewählt. Dies beweist nicht nur sein Ansehen in der Bevölkerung, sondern auch, dass es in der attischen Demokratie möglich war, über lange Zeit eine führende Stellung zu behaupten.

Immer mehr wollen mitbestimmen
Für die Bevölkerung Athens bedeutete der Ausbau der Flotte seit den Perserkriegen Arbeit und Einkommen. Gleichzeitig stärkten die Perserkriege und der Seebund das Selbstbewusstsein der Männer aus der Unterschicht – immerhin rund 80 Prozent aller Bürger. Sie wussten, dass ihr Einsatz als Ruderer unentbehrlich geworden war.
Für die Athener bot der Seebund viele Vorteile. Ungehindert konnten sie nun ihren Handel übers Mittelmeer ausdehnen. Mit den Bundesgeldern wurde nicht nur die gemeinsame Flotte unterhalten, sondern auch der prachtvolle Wiederaufbau Athens nach den Perserkriegen bezahlt. Davon profitierten vor allem die Händler, Handwerker und Lohnarbeiter. Kein Wunder, dass sie an einer weiteren Ausdehnung der Macht Athens interessiert waren.
Das gewachsene Selbstvertrauen der Unterschichten nutzten die beiden adligen Volksführer *Ephialtes* und *Perikles*, um im Jahre 462 v. Chr. eine weit reichende Neuerung durchzusetzen. Auf ihr Betreiben verlor der Areopag alle politischen Aufsichtsrechte; ihm blieben nur noch religiöse Aufgaben.

Wie funktioniert eine Volksherrschaft?
Von nun an teilten sich drei Einrichtungen die politische Macht.

- Die **Volksversammlung** entschied alle Fragen des öffentlichen Lebens: Gesetzgebung, Krieg und Frieden, Wahl und Überwachung der Beamten, Einnahmen und Ausgaben des Staates, Vergabe von Bauaufträgen und anderes mehr. Jährlich fanden mindestens vierzig Volksversammlungen statt. Alle wehrfähigen Bürger hatten das gleiche Stimmrecht. Jeder besaß das gleiche Recht, durch eine Rede eine Mehrheit für seine Anträge zu erreichen.
- Der **Rat der Fünfhundert** übte die Regierungsgeschäfte aus. Seine Mitglieder wurden aus Bürgern, die sich bewerben konnten, ausgelost. Sie waren für ein Jahr im Amt.
- Streitfälle wurden von **Volksgerichten** entschieden. Für die zehn Gerichtshöfe wurden Jahr für Jahr 6 000 Athener als Richter ausgelost. Bei besonderen Prozessen wurden allein 501 oder mehr Richter zu einem Gerichtshof zusammengerufen. Kläger und Beklagte konnten ihre Standpunkte öffentlich darlegen. Am Ende entschied eine geheime Abstimmung über schuldig oder unschuldig.

Seit 462 v. Chr. erhielten die Mitglieder des Rates der Fünfhundert **Diäten** (dt. *Sitzungsgelder*). Perikles ließ später auch den Geschworenen* der Volksgerichte Tagegelder zahlen.**
Damit war die Entwicklung zu einer Staatsform abgeschlossen, die wir Demokratie nennen. Ihr Ziel war nach Aussage griechischer Geschichtsschreiber die „Herrschaft des Volkes über sich selbst".

* **Geschworener**: *einer, der geschworen hat; hier ein Richter*
** *Den Teilnehmern der Volksversammlungen zahlte man erst seit 402 v. Chr. Diäten.*

Wer blieb ausgeschlossen?
Frauen, Sklaven und fremde Mitbewohner** hatten keine Mitwirkungsrechte.
Darüber hinaus blieb die Führung Athens trotz der demokratischen Ordnung überwiegend in den Händen einiger weniger wohlhabender Männer. Das hatte einerseits mit dem immer noch hohen Ansehen der adligen Familien zu tun. Andererseits damit, dass die Athener keine regelmäßigen Steuern zahlten. Daher war es üblich, dass wichtige Gemeinschaftsausgaben wie der Bau von Kriegsschiffen oder die Veranstaltung von Festen, von den hohen Beamten aus ihrem Privatvermögen bezahlt wurden. So konnten nur reiche Männer sich um ein hohes Amt bewerben. Gewählt wurde aber allein, wer das Volk überzeugen konnte.

** *Zu den fremden Mitbewohnern siehe Seite 94.*

M1 Demokratie – eine Angelegenheit aller Bürger

Was den Stadtstaat Athen vor rund 2500 Jahren ausmachte, zeigt das folgende – erfundene – Gespräch zwischen dem Athener Megakles und seinem aus Delos stammenden Freund und Geschäftspartner Androklos. Die Unterhaltung könnte an einem Tag im Jahre 435 v. Chr. in Athen stattgefunden haben.

„Ich muss mich beeilen, sonst komme ich zu spät zur Volksversammlung!" „Geh nur, ich werde mich inzwischen hier ein wenig umsehen. – Als Fremder darf ich ja nicht mit auf den Pnyx-Hügel!", erwiderte Androklos.
Während Androklos sich auf der Agora umsah, ging ihm durch den Kopf, was Megakles über seine Heimatstadt erzählt hatte. Hier war wirklich vieles anders als in den Staaten, die er kannte – und als Kaufmann war er weit herumgekommen.
Am stärksten war Androklos der Stolz seines Freundes auf die politische Ordnung aufgefallen. Sie nannten sie Herrschaft des Volkes, weil jeder wehrfähige Mann ohne Rücksicht auf Herkunft und Reichtum an der Volksversammlung teilnehmen durfte. Wenn er es richtig verstanden hatte, bekam aber das Bürgerrecht nur der, dessen Vater und Mutter bereits aus Athen stammten und der seinen Wehrdienst geleistet hatte. Und dem 32-jährigen Freund war es wohl auch erst seit zwei Jahren möglich, selbst Staatsämter zu übernehmen. Megakles hatte nicht ohne Stolz erwähnt, dass er bereits einmal Mitglied des Rates der 500 gewesen war. Überhaupt schienen, so war Androklos' Eindruck, die meisten Athener alles, was mit ihrer Polis zusammenhing, als ihre ureigenste Angelegenheit zu betrachten. Sie fühlten sich für ihren Staat verantwortlich. Deshalb besuchten sie wohl auch – wenn sie konnten – die Volksversammlungen und übernahmen öffentliche Ämter.
Nachdem Megakles um die Mittagszeit von der Volksversammlung zurückgekehrt war, setzten sich die beiden in den Schatten der Säulenhalle: „Sehr zufrieden siehst du nicht gerade aus", begann Androklos nach einer Weile das Gespräch. „Ach ja, die heutige Versammlung hat mir manche Schwächen unserer Staatsform gezeigt." Und er begann zu erzählen, dass wieder einmal die mittellosen Stadtbewohner die Mehrheit in der Versammlung gebildet hätten. Denn für viele Landbewohner war die Entfernung nach Athen zu weit, und jetzt, während der Erntezeit, konnten sie ihre Felder ja nicht einfach im Stich lassen. Dasselbe galt auch für kleine Handwerker, die dringende Aufträge zu erledigen hatten und ihre Kunden nicht verlieren wollten. „Kein Wunder auch, dass viele Leute von ihrem Rederecht so gut wie keinen Gebrauch gemacht haben, weil sie Angst hatten, sich zu versprechen und ausgelacht zu werden. Also haben wieder einmal die Volksführer, die Demagogen, die aus reichem Hause stammen und gute Redner sind, das große Wort geführt und den Armen das Blaue vom Himmel herunter versprochen. So kommen doch keine klugen Beschlüsse zustande! – Zum Glück ist das aber nicht immer so", fuhr Megakles hastig fort, als er seinen erstaunten Freund sah, „es gab und gibt immer noch Volksführer, die ihrem Gewissen folgen und ohne Eigennutz und im Interesse vieler das Wort führen."
„Warum unbedingt Demokratie? In anderen Staaten kommt man auch ohne sie ganz gut aus", meinte daraufhin Androklos. „Für uns ist sie immer noch mit Abstand die beste Staatsform", antwortete Megakles auf die Frage. „Gemeinsam haben unsere Väter die Perser vertrieben, gemeinsam wollen wir dafür sorgen, dass in Zukunft kein Feind uns besiegt. Wir wollen, dass die Gesetze für alle gleichermaßen gelten und keine Willkür herrscht. Jeder muss dazu seine Meinung offen sagen können, und jeder, der will, soll sich in einem öffentlichen Amt bewähren."
„Aber wie steht es dann mit Perikles?", fragte Androklos nach einigem Nachdenken. „Ich habe gehört, dass er in eurem Staat so gut wie allein bestimmt, was gemacht wird. Ist das nicht undemokratisch?" Megakles antwortete schroff: „Nein, überhaupt nicht! Denn er ist nur so lange einflussreich, wie er die Mehrheit der Bürger in der Volksversamm-

M 2 Athen in der 2. Hälfte des 5. Jh. v. Chr. *Rekonstruktionszeichnung.*
① **Akropolis** *(siehe auch Seite 99)*, ② **Pnyx, Ort der Volksversammlungen**; *auf dem Pnyx-Hügel war Platz für etwa 6 000 Menschen*, ③ **Münzanstalt**, ④ **Brunnenhaus**, ⑤ **Säulengang**, ⑥ **Gerichtshof**, ⑦ **Sitz der Feldherren**, ⑧ **Sitz des Rates der 500**, ⑨ **Agora**, ⑩ **Heilige Straße**.

lung davon überzeugen kann, dass das, was er will und tut, richtig ist und unserer Gemeinschaft nützt. Als Stratege unterscheidet er sich nicht von den anderen, die dieses Amt innehaben: Er wird immer nur für ein Jahr gewählt, dann muss er sich einer neuen Wahl stellen. Dazu wird er – wie alle, die ein öffentliches Amt ausüben – auf seine Rechtschaffenheit hin überprüft. Und während seiner Amtszeit kann ihn jeder Bürger vor dem Volksgericht anklagen, wenn er sich ungerecht behandelt fühlt oder den Verdacht haben sollte, dass Perikles sein Amt missbraucht. Abgesehen davon", ergänzte Megakles, „können wir – wenn wir wollen – in jedem Jahr die Volksführer, die wir als gefährlich für unsere Demokratie ansehen, durch ein Scherbengericht verbannen."

Dieter Brückner

1. *Megakles ist stolz auf die politische Ordnung in seiner Heimatstadt Athen. Warum? Stelle aus den Informationen, die Megakles seinem Freund gibt, eine Liste mit den politischen Aufgaben und Pflichten eines freien Athener Mannes zusammen (M 1).*
2. *Megakles spricht gegenüber Androklos auch von „Schwächen" der Athener Staatsform. Welche Probleme sieht er (M 1)?*
3. *Entwickelt aus den Informationen des Textes ein Rollenspiel zum Thema: „Zwei Frauen unterhalten sich über den politischen Alltag ihrer Männer."*
4. *Nehmt an, ihr würdet im Athen des Jahres 435 v. Chr. leben. Stellt fest, wie viele Personen eurer Klasse mit 20 Jahren in Athen die Bürgerrechte nicht erhalten hätten.*

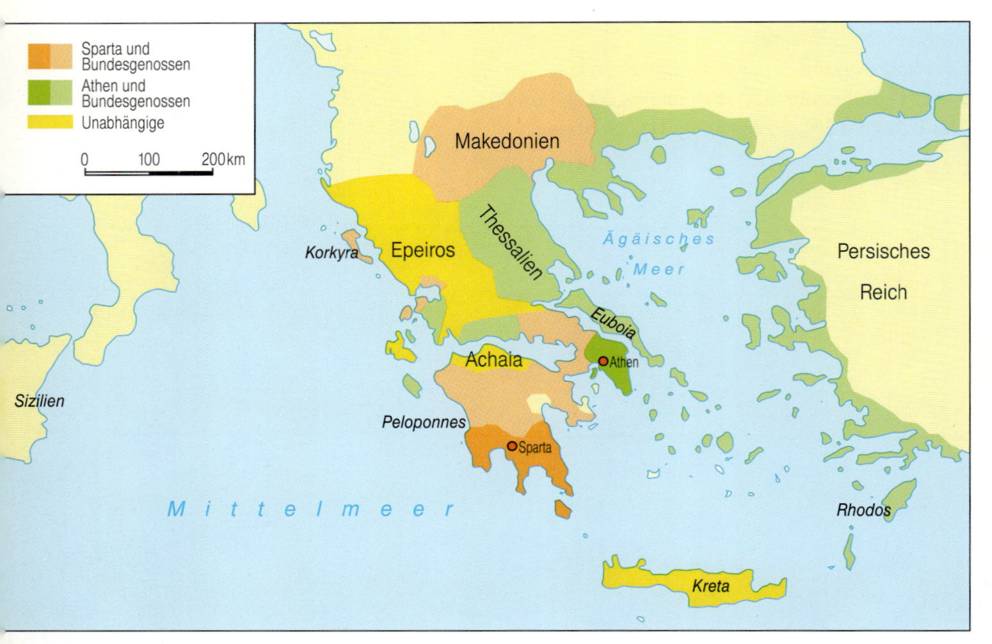

1 **Die Machtbereiche der Athener und Spartaner um 450 v. Chr.**

Athen gegen Sparta

Sein oder nicht sein

Waren sich die Spartaner und Athener schon in den Perserkriegen häufig uneinig, so steigerte sich das gegenseitige Misstrauen im Laufe des 5. Jh. v. Chr. noch. Eine Ursache dafür war der schnelle Aufstieg Athens zur vorherrschenden Seemacht. Die Außenpolitik Athens und des von ihm geführten Attisch-Delischen Seebundes ließ Sparta und die Mitglieder des Peloponnesischen Bundes um ihr Ansehen und ihre Unabhängigkeit bangen.

Der Machtkampf schwelte lange, ehe im Jahre 431 v. Chr. der **Peloponnesische Krieg** begann, der mit Unterbrechungen 27 Jahre dauerte. Der Krieg war heftiger als alle vorhergehenden. Von Ionien (*Kleinasien*) im Osten bis nach Sizilien im Westen wurde mit hochgerüsteten Armeen und Flotten hart gekämpft.

Schwere Zeiten für Athen

Der Krieg traf die Athener nicht unvorbereitet. Um 460 v. Chr. hatten sie begonnen, rings um Athen und die Hafenstadt Piräus die Langen Mauern zu errichten, damit kein Landheer mehr die Stadt vom Meer abschneiden konnte. Als nun die spartanischen Hopliten heranmarschierten, holten die Athener die Landbevölkerung Attikas hinter die schützenden Mauern, führten alle lebenswichtigen Güter übers Meer ein und griffen ihre Feinde vom Wasser aus an. Doch dann traf ein unvorhergesehenes Unglück die Stadt: Bis zum Sommer 430 v. Chr. starb etwa ein Drittel der hinter den Langen Mauern zusammengezogenen Bevölkerung an einer Seuche, darunter Perikles.

Übermut und Katastrophe

Trotzdem blieben die Athener und ihre Bundesgenossen dem Kriegsgegner gewachsen. Sie hätten den Krieg vielleicht sogar gewonnen, wenn sie sich nicht von dem jungen *Alkibiades*, einem Neffen des verstorbenen Perikles, zu einem Abenteuer hätten überreden lassen: Mit 300 Schiffen und rund 40 000 Mann fuhr er nach Sizilien, um die mit Sparta verbündete Stadt Syrakus zu unterwerfen. Doch das Unternehmen schlug fehl. Die Athener verloren nicht nur eine Schlacht nach der anderen, sondern auch fast alle Schiffe.

Die Entscheidung im Peloponnesischen Krieg fiel trotzdem erst, als der persische Großkönig eingriff – nicht mit Kriegern, sondern mit Geld. Er unterstützte Sparta beim Bau einer Flotte. Den Preis dafür zahlten andere: Sparta ließ es zu, dass die griechischen Städte Kleinasiens wieder von Persien erobert wurden.

Schließlich ergaben sich die Athener. Die Langen Mauern wurden abgerissen und der Attisch-Delische Seebund wurde aufgelöst.

Athen wurde nie mehr so mächtig wie vor dem Krieg. Sparta blieb zu schwach, um auf Dauer ganz Griechenland kontrollieren zu können.

2 **Abschiedsszene.** *Vasenmalerei um 430 v. Chr.; Höhe des Gefäßes 27 cm. Zu sehen sind von links nach rechts: ein alter Mann (Vater?), eine junge Frau (Ehefrau?), ein gerüsteter Mann (Ehemann?) und eine weitere Frau (Mutter?). Beschreibe die abgebildete Szene und versuche, die Stimmung zu erfassen. Beachte dabei, wann das Bild entstanden ist.*

M 1 Über Geschichtsschreibung

Über den Peloponnesischen Krieg zwischen Athen und Sparta, der 431 v. Chr. beginnt und mit Unterbrechungen 27 Jahre dauert, hat Thukydides (siehe M 2) ein bedeutendes Buch geschrieben. Zu Beginn des Werkes schreibt er, wie er dabei vorgegangen ist und wen er als Leser erreichen wollte:

Beide Gegner haben sowohl während der Vorbereitungen zum Krieg als auch im Krieg Reden gehalten. Einige dieser Reden hatte ich selbst gehört, über andere Reden haben mir Zeugen berichtet. Aber in beiden Fällen war es schwierig, den genauen Wortlaut dieser Reden im Gedächtnis zu behalten. Daher habe ich die Reden so verfasst:
Ich habe mir vorgestellt, was der Redner in der jeweiligen Situation vor allen Dingen sagen wollte, und dem entsprechend habe ich den Wortlaut der Rede formuliert.
Wenn ich über die Taten, die in diesem Krieg vollbracht wurden, schreibe, so folge ich weder dem erstbesten Bericht noch meiner eigenen Meinung, sondern ich habe Selbsterlebtes und von anderen Berichtetes mit größtmöglicher Genauigkeit in jedem einzelnen Fall verglichen und erforscht. Es war schwierig, die Wahrheit zu finden, weil die jeweiligen Augenzeugen über dasselbe Ereignis nicht dasselbe berichteten, sondern abhängig von ihrer Parteinahme und von ihrem Gedächtnis.
Da ich nicht spannend erzähle, wird meine Darstellung vielleicht nicht unterhaltsam sein. Ich schreibe nämlich für all diejenigen, die klare Erkenntnis über die vergangenen Ereignisse suchen und wissen, dass sich diese Ereignisse jederzeit wiederholen können, da dies in der Natur der Menschen liegt. Sie werden mein Werk für nützlich halten, und das soll mir genügen. Ich habe es geschrieben, damit man es immer wieder liest, nicht, damit man es einmal mit Vergnügen hört und dann weglegt.

Thukydides, Der Peloponnesische Krieg, Buch I, 22; übersetzt, sprachlich vereinfacht und modernisiert von Dieter Brückner

M 2 Thukydides.
Römische Kopie einer griechischen Bronzestatue aus dem 4. Jh. v. Chr.
Der Athener Thukydides (um 460 v. Chr. bis nach 400 v. Chr.) verlor als gewählter Feldherr (Stratege) 424 eine Schlacht im so genannten Peloponnesischen Krieg zwischen Athen und Sparta und wurde daraufhin verbannt. Erst 404 kehrte er nach Athen zurück. Während seiner Verbannung schrieb Thukydides die Geschichte des Peloponnesischen Krieges. Obwohl das Werk unvollständig blieb, gilt es als das bedeutendste Geschichtswerk der antiken Literatur.
Mit ihm beginnt die politische, auf Quellenforschung und -deutung zurückgehende Geschichtsschreibung.

1. *Schreibe die Stellen aus der Quelle M 1 ab, die du für das Thema besonders wichtig hältst. Begründe deine Auswahl.*
2. *Betrachtet in Gruppen die schriftlichen Quellen, die ihr in diesem Kapitel kennen gelernt habt. Schreibt jeweils auf, welche Kenntnisse über die Griechen wir nur ihnen verdanken.*

LERNTIPP

Textquellen auswerten und deuten

Du hast in den vorangegangenen Kapiteln einige schriftliche Quellen kennen gelernt. Dabei wirst du gemerkt haben, dass es gar nicht so einfach ist, sie zum Sprechen zu bringen. Hier ein paar Hilfen und Anregungen:

- Lies die Textquelle zunächst langsam und sorgfältig durch.
- Schreibe beim zweiten Lesen unbekannte Begriffe oder schwierige Formulierungen heraus, die du nicht verstehst; schlage – wenn nötig – im Register deines Buches oder in einem Lexikon nach.
- Kopiere den Text und unterstreiche oder markiere die Stellen, die dir wichtig erscheinen.
- Gliedere den Text in Sinnabschnitte, finde Überschriften für sie und den gesamten Text.
- Schreibe bei längeren Texten eine Inhaltsübersicht und eine Zusammenfassung.
- Notiere, was dir an der Sprache des Textes auffällt (kommen z. B. bestimmte Wörter mehrfach vor?).

Um eine Textquelle deuten (interpretieren) zu können, ist es hilfreich, die Quellengattung zu kennen.

- Handelt es sich um eine Urkunde, ein Gesetz, einen Brief, eine Rede, um eine Lebenserinnerung oder ein Werk der Geschichtsschreibung?
- Stammt der Text aus der Zeit, über die er berichtet, oder wurde er später verfasst?

Für eine weiter gehende Interpretation gilt es folgende Fragen zu berücksichtigen:

- Was weißt du über den Autor/die Autorin?
- Hat er/sie selbst erlebt, worüber er/sie schreibt? Woher bezieht er/sie das Wissen?
- Mit welcher Absicht hat er/sie den Text verfasst? War der Text an jemanden gerichtet? Sollte er veröffentlicht werden?

Eine ungleiche Gesellschaft

Männerherrschaft auch im Alltag
Viele Athener waren beruflich selbstständig. Als Handwerker, Händler und Bauern boten sie auf dem Marktplatz ihre Waren an. Dort wurden die jeweils neuesten Ereignisse besprochen. Die Männer verbrachten ihre Freizeit wohl am liebsten auf dem Marktplatz oder im Theater*.

Die Hauptmahlzeit nahm die Familie mit dem Hausherrn erst gegen Abend ein. Dabei saß man nicht auf Stühlen um einen Tisch, sondern lag auf Polstern um kleine niedrige Tische.

Brot und Käse, Oliven, Feigen und Honig, Gemüse und Fisch waren die wichtigste Nahrung. Fleisch gab es für die meisten Athener nur bei Opferfesten.

Häufig kamen Gäste ins Haus.

Reiche Bürger luden Freunde, Gelehrte und Künstler regelmäßig zu einem **Symposion** (dt. *Gastmahl*) ein. Diese Treffen begannen mit einem Trankopfer. Danach aßen, tranken, sangen oder unterhielten sich die Teilnehmer. Manchmal sorgten Sklaven oder Sklavinnen für die Unterhaltung. Die Ehefrauen nahmen nicht teil.

* *Zum Theater siehe auch Seite 100 f.*

1 Schuster.
Vasenmalerei, 5. Jh. v. Chr.

2 Häuserblock.
Rekonstruktionszeichnung.
Archäologischen Funden aus Priene an der kleinasiatischen Küste verdanken wir eine Vorstellung darüber, wie die Griechen nach etwa 460 v. Chr. Stadthäuser anlegten.
Was meinen Historiker, wenn sie sagen, diese Bauweise passe zur athenischen Demokratie?

0 5 10 15 m

① Halle
② Wohnraum
③ Raum für Gastmähler
④ Bad?
⑤ Schlafraum
⑥ Frauengemach
⑦ Hof
⑧ Vorratsraum
⑨ Laden
⑩ Brunnen
⑪ Hauptstraße

3 Raum für Gastmähler in den Häusern von Priene.
Rekonstruktionszeichnung.

Frauen – den Männern untertan?
Ihr ganzes Leben lang standen Frauen in Athen unter der Vormundschaft eines Mannes: Vater, Bruder oder Ehemann bestimmten über sie und vertraten sie vor Gericht. Grundbesitz konnten die Athenerinnen nicht erwerben. Ebensowenig verfügten sie über politische Rechte, was aber nicht bedeuten muss, dass sie keinen Einfluss auf ihre Männer besaßen.
Ihr Lebensraum war vor allem das Haus. Zu ihren Aufgaben gehörte es, Kinder auf die Welt zu bringen, Küche und Haushalt zu führen und sich der Kindererziehung sowie der Pflege von Alten und Kranken zu widmen.
Frauen aus den Unterschichten mussten oft auch außerhalb des Hauses einer Erwerbstätigkeit nachgehen. Sie arbeiteten beispielsweise als Wäscherinnen, Wollarbeiterinnen, Hebammen, Kindermädchen oder Händlerinnen.
Wer der Mittel- und Oberschicht angehörte, verließ das Haus nicht einmal zum Wasserholen oder Einkaufen. Diese Arbeiten erledigten Sklaven. Es galt das Gebot: „Eine ehrbare Frau bleibt im Haus; die Straße gehört den Frauen, die nichts wert sind."

4 Frauen verarbeiten Wolle.
Vasenmalerei, um 550 v. Chr.
Welche Arbeitsgänge erkennst du?

Kinder – den Vätern unterworfen?
Das Schicksal der Kinder hing vom Familienvater ab. Er entschied nach der Geburt des Kindes, ob es in der Familie aufgezogen oder ausgesetzt wurde. Im zweiten Fall drohten dem Neugeborenen der Hungertod oder die Sklaverei. Später bestimmte der Vater, welche Ausbildung das Kind erhielt.
Töchter wuchsen im Haus auf. Sie lernten Spinnen und Weben und wurden auf ihre Rolle als Ehefrau und Mutter vorbereitet. Nur Mädchen aus reichem Hause erhielten Unterricht im Lesen, Schreiben, Musizieren und Tanzen. Gewöhnlich wurden die Mädchen in Athen bereits mit 14 oder 15 Jahren verheiratet.

5 Unterricht.
Vasenmalerei, um 480 v. Chr.
Vor den Schülern jeweils die Lehrer.
Ganz rechts ein Sklave, der auf die Schüler aufzupassen hat.

Während die Mädchen früh ihre Rolle als Ehefrauen übernehmen mussten, lebten ihre männlichen Altersgenossen oft noch im Hause der Eltern. Söhne aus ärmeren Familien erwarben häufig nur geringe Kenntnisse im Lesen und Schreiben, da Bildung nicht kostenlos war. Väter brachten ihren Söhnen ein Handwerk bei, weil sie deren Unterstützung im Alter erwarteten.
Reiche Eltern sorgten für eine gute Bildung ihrer Kinder. Ein Haussklave, der **Pädagoge** (dt. *Erzieher*), begleitete die Knaben zum Lehrer oder überwachte die häuslichen Übungen. Neben dem Unterricht im Lesen, Schreiben, Rechnen und Sport, lernten die jungen Männer Grammatik. Verse von Homer und anderen Dichtern mussten die Schüler auswendig lernen, daneben betrieben sie Musik, Geometrie und Sternenkunde. Später konzentrierte sich die Ausbildung auf die **Rhetorik** (*Kunst der Rede*). Die Schulzeit dauerte häufig bis zum 18. Lebensjahr. Dann wurden alle jungen Männer zum Militärdienst eingezogen. Eine Ehe gingen sie meist zwischen ihrem 20. und 35. Lebensjahr ein.

Frei, aber keine Bürger

Im Gegensatz zu Sparta hatte die Handelsstadt Athen den Ruf, fremdenfreundlich zu sein. Doch je größer Athen wurde, umso strenger unterschieden die Athener zwischen einheimischen Bürgern und **Metöken**, fremden eingewanderten Mitbewohnern. Zur Zeit des Perikles besaßen nur Männer die Bürgerrechte, deren beide Großväter bereits Bürger der Stadt gewesen waren. Die Metöken – etwa zehn Prozent der Bevölkerung Athens – genossen zwar den Schutz der athenischen Gesetze, mussten sich aber vor Gericht von einem Athener vertreten lassen. Sie durften ihren Beruf und ihren Wohnort wählen, konnten jedoch keinen Grundbesitz erwerben. Metöken zahlten eine besondere Steuer, dienten als Hopliten oder Ruderer und nahmen an religiösen Festen teil. Sie besaßen keine politischen Rechte. Die Aufnahme in die Bürgerschaft war möglich, wenn 6000 Bürger in einer Volksversammlung zustimmten.

7 Abwiegen von Waren.
Vasenmalerei, um 540 v. Chr.

Nur wenige Athener misstrauten den Einwanderern. Die meisten erkannten, wie bedeutend die Metöken für sie waren: Als Händler, als Besitzer kleiner und großer Handelsbetriebe trugen sie zum Wohlstand bei. Als Gelehrte und Künstler waren sie aus der Stadt nicht wegzudenken.

6 In einer Tongrube.
Tontäfelchen aus Korinth, 6. Jh. v. Chr.
Mit einer Hacke löst ein Arbeiter (Sklave?) die Tonklumpen von der Wand, ein anderer sammelt den Ton in einen Korb ein, und ein dritter hebt einen Korb aus der Mulde.
Von oben hängt ein Wassergefäß herab, aus dem sich die Männer erfrischen können.
Wozu brauchten die Griechen den Ton vor allem?

Sklaven – von Menschen zur Sache gemacht

Im 5. Jh. v. Chr. war etwa jeder dritte Einwohner Athens Sklave. Sie oder ihre Vorfahren waren als Gefangene nach Athen gebracht worden. Denn nicht nur der einmal versklavte Gefangene, sondern auch dessen Nachkommen blieben Sklaven. Griechen befanden sich unter ihnen kaum, denn den Athenern wurde im 5. Jh. v. Chr. verboten, Hellenen als Sklaven zu kaufen. Die Mehrzahl kam aus dem Schwarzmeergebiet oder aus Kleinasien.
Die Sklaven galten als „Menschenvieh" oder als Sache, da sie angeblich keine Vernunft besaßen und nur zum Gehorchen geboren waren. Kaum ein Grieche bezweifelte das. Kritische Worte wie diese aus dem 4. Jh. v. Chr. fanden nur wenige: „Die Götter haben alle Menschen frei erschaffen, die Natur hat niemanden zum Sklaven gemacht."

Wofür wurden Sklaven gebraucht?

Die meisten Sklaven arbeiteten als Hausdiener, Pädagogen und Musikanten in der Stadt. Reiche Bürger leisteten sich bis zu 50 Haussklaven. Andere arbeiteten in Handwerksbetrieben und Geschäften. Ihr Lebensstandard unterschied sich kaum von dem armer Bürger.
Einzelne Sklaven gelangten als Verwalter eines Gutes oder Betriebes zu Wohlstand. Sie konnten auch freigelassen werden. Darüber entschied ihr Herr, nicht die Polis.
Einige Reiche vermieteten Sklaven als Erntearbeiter an kleine Bauern. Der größte bekannte Sklavenhalter Athens um 430 v. Chr. war *Nikias*. In den von ihm gepachteten Silbergruben von Laureion beschäftigte er zeitweise über 1000 Sklaven. In engen, dunklen Stollen, die vom Qualm der Öllampen erfüllt waren, förderten sie unter fürchterlichen Bedingungen das kostbare Silbererz.

1. *Bestimme den Unterschied zwischen Metöken und Sklaven.*
2. *Die meisten Griechen gingen damals davon aus, dass es von Natur aus Sklaven gab. Nimm dazu Stellung!*

M 1 So sind sie …

*Der Gelehrte **Sokrates** (470-399 v. Chr.) gibt folgendes Gespräch mit einem Bekannten wieder:*

„Sie war doch noch nicht fünfzehn Jahre alt, als ich sie heiratete. Die Zeit vorher hatte man fürsorglich auf sie aufgepasst, dass sie möglichst wenig sah, 5 hörte und fragte. Ich war schon damit zufrieden, dass sie bei ihrem Kommen bereits verstand, mit Wolle umzugehen und ein Gewand anzufertigen, und dass sie auch schon bei der Spinnarbeit 10 der Dienerinnen zugesehen hatte. Außerdem war sie in der Magenfrage ganz vorzüglich erzogen, mein lieber Sokrates, was mir bei Mann und Frau die wichtigste Erziehungsfrage zu sein 15 scheint […].“

Der Bekannte begründet die Unterschiede so:

„Da beide Arten von Arbeit nötig sind, die draußen und drinnen, schuf Gott die Natur des Weibes für die Arbeiten im Hause, die des Mannes aber für die 20 Arbeiten außerhalb des Hauses. Denn der Mann ist mehr dazu geschaffen, Kälte und Wärme, Märsche und Feldzüge zu ertragen. Daher trug der Gott ihm die Arbeiten außerhalb des Hauses 25 auf. Der Körper der Frau ist weniger widerstandsfähig, deshalb ist sie besser für die Arbeiten im Hause geeignet.“

*Der griechische Gelehrte **Aristoteles** (384-322 v. Chr.), dessen Werk das europäische Denken bis in die Gegenwart beeinflusst, schreibt:*

Es steht dem Manne zu, über die Frau und die Kinder zu herrschen. Über die 30 Frau nach der Art eines Staatsmannes, über die Kinder aber nach der eines Königs. Denn das Männliche ist von Natur zur Führung mehr geeignet als 35 das Weibliche, und das Ältere und Reife ist das mehr als das Jüngere und Unreife.

Erster und zweiter Text: Xenophon, Hauswirtschaftslehre 7,3 ff., übers. von Ernst Bux, Stuttgart 1956
Dritter Text: Aristoteles, Politik 1259a, übers. von Franz Schwarz, Stuttgart 1989 (gerafft und vereinfacht)

M 3 Frau vor einer Truhe.
Terrakottarelief aus Locri (Unteritalien), um 460 v. Chr.
An der Wand sind ein Korb, ein Spiegel, ein Ölkrug und ein anderes Gefäß (für Schminke?) zu sehen.
Das Relief war ursprünglich bunt. Inwiefern zeigt dieses Bild die griechischen Vorstellungen von den Aufgaben der Frauen?

M 2 Kleinkind im Kinderstuhl.
Innenbild einer Schale, um 450 v. Chr.

1. *Du kannst auf dieser Seite drei Meinungen von griechischen Männern über die Aufgabenverteilung zwischen Frauen und Männern lesen (M 1). Schreibe auf, wie sie sich den idealen Mann vorstellten, und überlege, inwieweit dieses Bild zutraf.*
2. *Am Anfang von M 1 steht, dass eine Vierzehnjährige verheiratet wurde, auf die man „fürsorglich“ aufgepasst hatte, damit sie „möglichst wenig sah, hörte und fragte“. Gib dem Mädchen eine Stimme und stelle Fragen an die griechischen Männer.*

Reisen bringt Gewinn

Jahr für Jahr strömen Touristen nach Griechenland. Viele besuchen das Land, um die Kunst und Kultur der alten Griechen kennen zu lernen, andere, um Sonne, Meer und Ruhe auf einer der zahllosen Inseln in der Ägäis genießen zu können. Bis Athen kommen die Touristen meist mit dem Flugzeug, aber auf die Inseln gelangen sie nur mit Fähren.

Griechenlands lange Küsten und die vielen Inseln machten das Schiff schon im Altertum zu einem unentbehrlichen Verkehrsmittel für Menschen und Waren. Es ermöglichte den Griechen kulturelle und geschäftliche Kontakte zu ihren Nachbarn und die Gründung von Tochterstädten.

Mit Schiffen kamen begehrte Waren nach Griechenland, im Gegenzug wurden wertvolle Produkte exportiert. Griechische Ärzte und Baumeister, die in Persien oder Ägypten arbeiten wollten, bestiegen in Athens Hafen ein Schiff. Andererseits lockten berühmte Philosophen und Redelehrer viele Interessierte aus den Ländern am Mittelmeer zu Studien nach Athen. Außer zu den großen Spielen und Heiligtümern reisten die Griechen nur in dringenden geschäftlichen Angelegenheiten. Passagierschiffe im Liniendienst nach Fahrplan gab es nicht. Schiffsreisen waren trotz langer Dauer schneller und trotz Piraten meist sicherer als der Landweg. Die Griechen benötigten viele Schiffe, deren Bau sie von den Phöniziern gelernt hatten. Auf den Werften war der Bedarf an Bauholz so enorm, dass ganze Wälder verschwanden.

1 Kyrenia II.
Foto, um 1986.
Nachbildung eines griechischen Frachtschiffs aus dem 4. Jh. v. Chr.
Die größeren Handelssegler befuhren das offene Meer, die kleineren blieben nahe der Küste: Das erleichterte die Orientierung. Nachts und bei zu starkem Wind konnten die Kapitäne so Schutz in Buchten suchen. Dennoch sanken viele Schiffe mit Mann und Maus.
Suche nach einer Erklärung dafür.

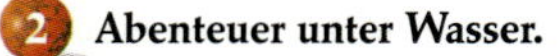

2 Abenteuer unter Wasser.
Foto, um 1986.
1965 entdeckten Taucher vor Kyrenia (Zypern) ein 2400 Jahre altes Schiffswrack. Unterwasserarchäologen legten den 14 m langen Rumpf frei. Der Taucher benutzt Pressluft, um Ablagerungen zu entfernen.

3 Schiffsrumpf.
Die 5 000 Einzelteile des bei Kyrenia gefundenen Schiffes wurden geborgen, haltbar gemacht und wieder zusammengesetzt.
Abb. 1 zeigt einen originalgetreuen Nachbau des gefundenen Schiffes.

M 1 „Lass das meiste daheim ...“

Der griechische Dichter Hesiod (um 700 v. Chr.) rät seinem Bruder:

Du, o Perses, gedenke daher bei jeglichem Werke
An die passende Stunde, bei Schifffahrt aber am meisten.
5 Lobe das kleine Schiff; doch tu die Fracht in das größte.
Denn je größer die Fracht, wird größer Gewinn zum Gewinne
Kommen, wenn dich die Winde mit
10 wilden Stürmen verschonen. [...]
Fürchterlich ist's, in den Wogen zu sterben; lass dir drum raten [...].
Tu nicht dein sämtliches Gut hinein in die bauchigen Schiffe;
15 Lass das meiste daheim, das mindre magst du verladen.

Gottfried Guggenbühl (Hrsg.), Quellen zur Geschichte des Altertums, neu bearb. von Hans C. Huber, Zürich [3]1964, S. 33 f.

M 2 Handeln und herrschen

In einer Schrift aus dem 5. Jh. v. Chr. wird festgestellt:

Die Athener allein sind imstande, über die Schätze Griechenlands und die der Barbarenländer zu verfügen. Denn, wenn irgendeine Stadt Überschuss an
5 Schiffsholz, Eisen, Kupfer oder Flachs hat, wohin soll sie es exportieren, ohne die Einwilligung Athens, des meerbeherrschenden Volkes? [...] Dem meerbeherrschenden Staat gewährt der
10 Verkehr auch die Mittel zu allerlei Genüssen. Was es in Sizilien, Italien, auf Zypern, in Ägypten, in Libyen, in Pontusländern* oder in der Peloponnes oder sonstwo an Delikatessen gibt, das
15 ist alles in Athen vereinigt.

Nach: Michel Austin und Pierre Vidal-Naquet, Gesellschaft und Wirtschaft im alten Griechenland, München 1984, S. 259

* Länder am Schwarzen Meer

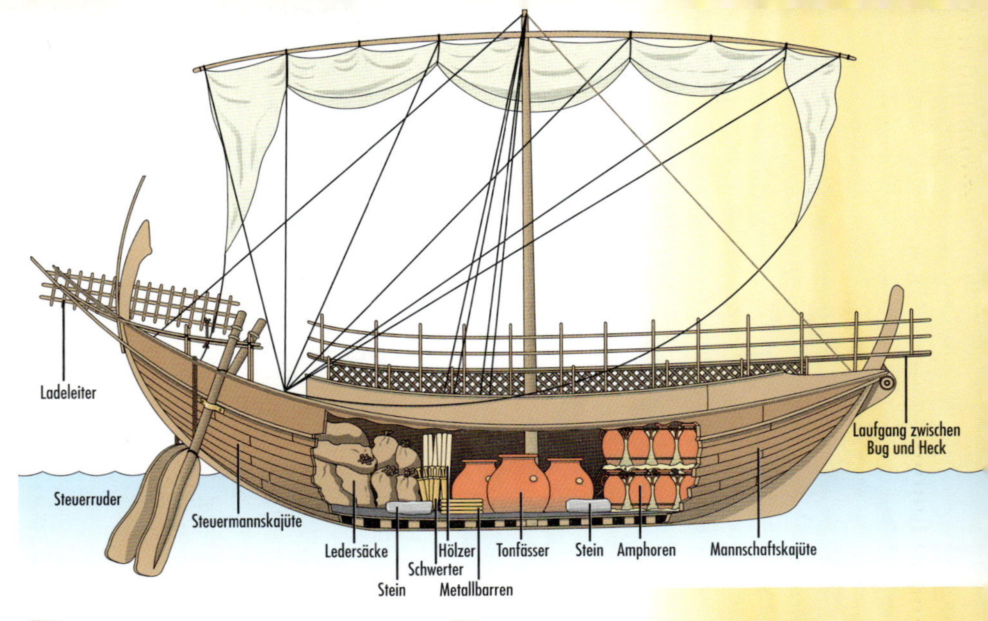

M 4 Ehre und Gewinn

Der Schriftsteller Xenophon (um 430 - nach 355 v. Chr.) schlägt vor:

Es wäre gut und ehrenvoll, Kaufleute und Reeder auch durch Ehrensitze im Theater auszuzeichnen und manchmal diejenigen zu einem Ehrenmahl einzu-
5 laden, von denen man glaubt, dass sie durch besonders gute Schiffe und Waren der Stadt Nutzen bringen. Denn die so Geehrten dürften nicht nur um des Gewinnes, sondern auch um der
10 Ehrung willen wie zu Freunden herbeieilen. So viel ist klar: Je mehr Menschen sich hier niederlassen und hierherkommen, desto mehr Waren dürften auch eingeführt und ausgeführt, gekauft und
15 verkauft und desto mehr Mieten und Steuern eingenommen werden.

Rolf Rilinger (Hrsg.), Leben im antiken Griechenland, München 1990, S. 460

M 5 Griechisches Frachtschiff.

Rekonstruktionszeichnung.
Die Handelsschiffe waren selten über 20 m lang und breit. Sie konnten zwischen 70 und 150 t laden.

1. *Die Athener werden „meerbeherrschend“ genannt. Erkläre diesen Ausdruck mithilfe von M 2, M 3 und des Lehrbuchtextes.*
2. *Stell dir einen Athener Händler vor, der gerade in Ägypten Getreide eingekauft hat. Er berichtet, womit er alles handelt. Außerdem erzählt er, wie wichtig er und seine Handelsschiffe für Athen sind und in welche Gefahren er bei seinen Reisen geraten kann. Schreibe auf, was der Athener Händler sagen könnte. Die Informationen erhältst du aus dem Lehrbuchtext und M 1 bis M 4.*

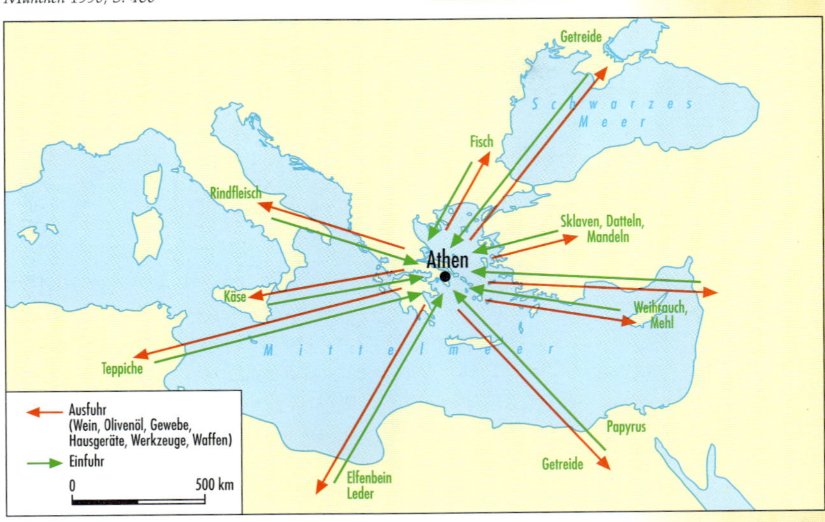

M 3 Athen – Zentrum des Handels.

Hervorragende Künstler

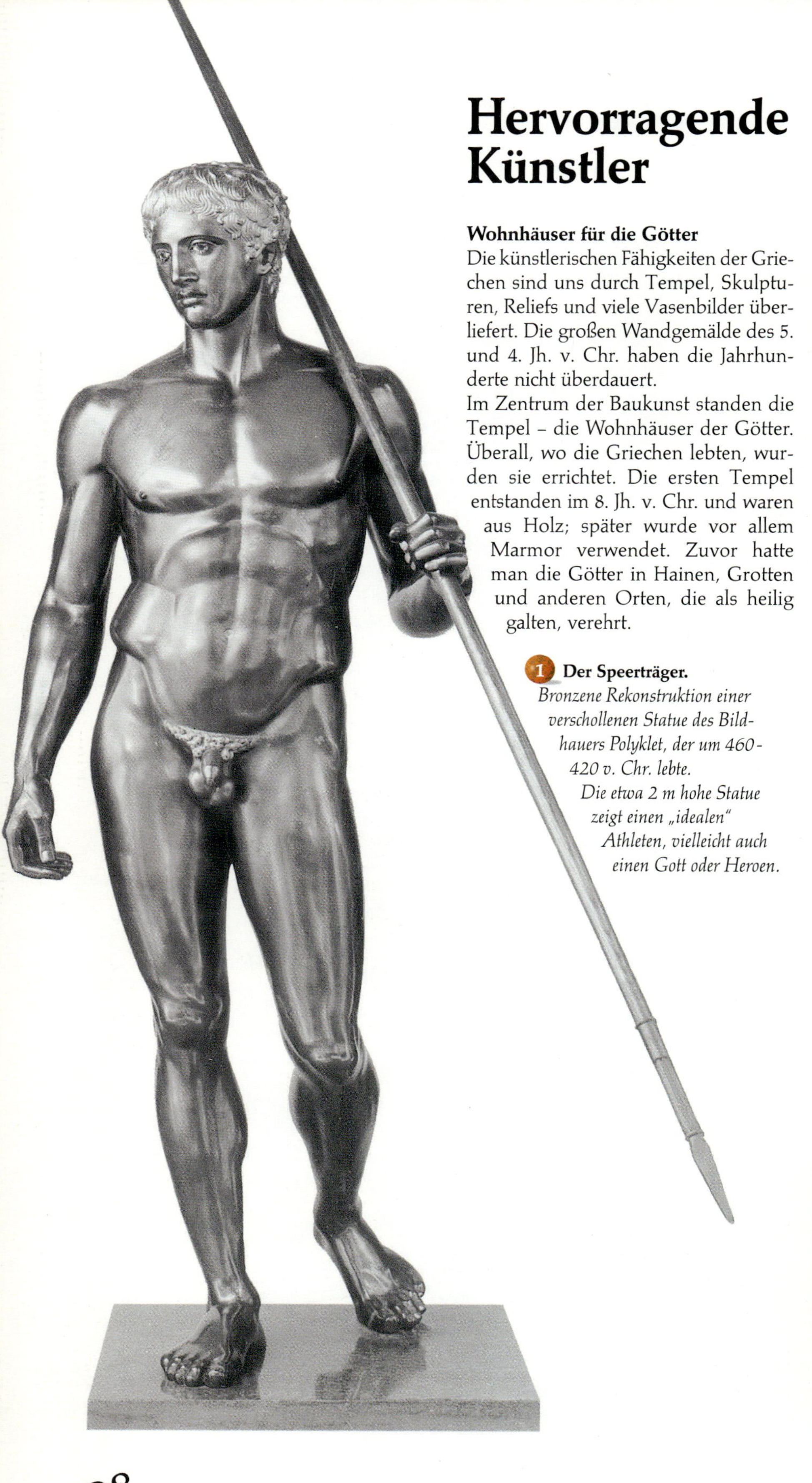

1 Der Speerträger.
Bronzene Rekonstruktion einer verschollenen Statue des Bildhauers Polyklet, der um 460-420 v. Chr. lebte. Die etwa 2 m hohe Statue zeigt einen „idealen" Athleten, vielleicht auch einen Gott oder Heroen.

Wohnhäuser für die Götter
Die künstlerischen Fähigkeiten der Griechen sind uns durch Tempel, Skulpturen, Reliefs und viele Vasenbilder überliefert. Die großen Wandgemälde des 5. und 4. Jh. v. Chr. haben die Jahrhunderte nicht überdauert.
Im Zentrum der Baukunst standen die Tempel – die Wohnhäuser der Götter. Überall, wo die Griechen lebten, wurden sie errichtet. Die ersten Tempel entstanden im 8. Jh. v. Chr. und waren aus Holz; später wurde vor allem Marmor verwendet. Zuvor hatte man die Götter in Hainen, Grotten und anderen Orten, die als heilig galten, verehrt.

Wohnstätte der Gottheit war ein fensterloser Raum mit dem Götterbild. Er war von Säulen umgeben. Länge, Breite und Höhe des Tempels sowie Zahl und Abstand der Säulen wurden nach bestimmten Zahlenverhältnissen geplant, die als Ausdruck einer ewigen Ordnung **(Harmonie)** galten.
Die Tempel waren keine Versammlungsräume für die Gläubigen wie unsere Kirchen. Gottesdienst und Opfer wurden unter freiem Himmel am Altar abgehalten und dargebracht. Der Altar befand sich vor der Ostseite des Tempels.

Harmonie und Vollkommenheit
Die Bildhauer beobachteten und vermaßen den menschlichen Körper genau. Sie formten ideale Gestalten aus Marmor oder Bronze. Darin waren für sie die unsterblichen Götter verkörpert. Die Statuen des *Polyklet* galten als zeitlos schön und makellos. Sie wurden oft nachgeahmt.
Kunstwerke, die sich durch Harmonie und Vollkommenheit auszeichnen, nennen wir heute „klassisch". Für die Europäer sind die Griechen die Schöpfer der ersten **Klassik**.

1. *Stelle in einer Übersicht die in diesem Kapitel abgebildeten griechischen Kunstwerke aus dem 6. bis 5. Jh. v. Chr. zusammen. Bestimme gleichzeitig, für wen sie geschaffen wurden. Was fällt dir dabei auf?*
2. *Die abgebildete Statue (Abb. 1) galt und gilt noch heute als „makellos" und „zeitlos schön". Bist du auch der Meinung? Begründe!*

M 1 Akropolis.
Ansicht von Westen. Rekonstruktionszeichnung. In Athen wurde die Akropolis, die „Burgstadt", zum Standort der prächtigsten Tempel. Nachdem die Perser im Jahre 480 v. Chr. ältere Anlagen zerstört hatten, entstanden dort zwischen 450 und 404 v. Chr. viele neue Bauwerke. Der größte Tempel war Athene, der jungfräulichen (griech. parthenos) Schutzgöttin der Stadt, geweiht und hieß Parthenon ①. Der zwischen 448 und 437 v. Chr. im dorischen Stil gebaute Tempel hat eine Grundfläche von rund 31 x 70 m und ist einschließlich des Gebälks fast 18 m hoch.
Im Parthenon befand sich das Standbild der Athene. In den Giebeln des bunt bemalten Tempels standen Figuren, die unter anderem den Streit der Athene mit dem Meeresgott Poseidon um die Herrschaft über Attika darstellen.
Der L-förmige Tempel ② ist das Erechtheion (Erechtheus: ein attischer Heros, der den Streit zwischen Athene und Poseidon schlichtete); in ihm waren die ältesten Kulte der Stadt angesiedelt.
Im Osten des Erechtheion stand der Altar ③, das Ziel des Panathenäenzuges.
Im Freien ④ stand die große Statue der Athena Promachos („die in vorderster Linie kämpfende Athene"). Den Glanz ihrer vergoldeten Lanzenspitze konnten Seeleute bereits von ferne sehen.
Der mächtige Torbau (Propyläen) besteht aus einer Säulenhalle und einem Tor ⑤.
Rechts neben den Propyläen steht der kleine Nike-Tempel ⑥; er war der Göttin des Sieges (Nike) geweiht.

Internettipp → *Eine englischsprachige Information über den Parthenon-Tempel und Bilder vom Fries findest du unter http://zeus.ekt.gr*

M 2 Die drei griechischen Bauformen von Säulen, Friesen und Dächern.
Von links nach rechts: dorisch, ionisch und korinthisch.

1. *In M 1 erfährst du, wie groß der Parthenon-Tempel war. Vergleiche die Größe mit einem Gebäude in deinem Heimatort (z. B. mit der Kirche, dem Rathaus oder der Schule).*
2. *Stell dir vor, wie beeindruckt die Athener Bürger waren, wenn sie den Burgberg hinaufgestiegen waren und vor dem großen Tempel standen. Die schön und sorgfältig verzierten Giebel und Friese unterm Dach konnten sie aber kaum im Detail erkennen. Überlege, wem sie gefallen sollten.*
3. *Gibt es in euren Wohnorten Gebäude mit vergleichbaren Säulenformen (M 2)? Wenn ja, dann informiert euch über die Entstehungszeit. Was schließt ihr daraus, wenn die Formen noch viele Jahrhunderte später verwendet wurden?*

Wortgewandte Dichter

Belehrende Tragödien
Der Stoff, aus dem die griechische Dichtung schöpfte, geht zurück auf mündlich überlieferte *Epen* (*Erzählungen*). Die „*Ilias*" und die „*Odyssee*" des Homer sind Beispiele dafür. Innerhalb der dramatischen Dichtung (*Drama* = Handlung), die von Musik und Tanz begleitet auf die Bühne des **Theaters** gebracht wurde, bildete die *Tragödie* (*Trauerspiel*) die einflussreichste Gattung. Sie zeigt, dass die Menschen dem Schicksal unterworfen sind, das manchmal selbst den vernichtet, der die Gebote der Götter achtet. Der Zuschauer soll am Ende Mitleid mit den Hauptfiguren und Furcht vor den Göttern empfinden. Er wird durch die Tragödie belehrt, wie er leben und handeln soll, und er sieht, welche Grenzen dem Menschen gesetzt sind.
Schauspiele waren Bestandteile öffentlicher Feste (und damit auch der Politik). 534 v. Chr. ordnete der Tyrann Peisistratos die ersten Tragödienaufführungen bei den *Dionysien* an, einem dreitägigen Fest der Athener für *Dionysos*, den Gott der Lust und des Rausches. Da die Stücke in der Regel nur einmal gezeigt wurden, entstanden allein im Verlauf des 5. Jh. über tausend Tragödien. Nur wenige sind erhalten geblieben. Die wichtigsten Stücke stammen von *Aischylos*, *Sophokles* und *Euripides*.

Lachen über Komödien
Neben Tragödien wurden *Komödien* (*Lustspiele*) aufgeführt. Sie legten durch Übertreibungen die Missstände der Zeit offen und übten damit Kritik an menschlichen Schwächen. Sie gaben den Bürgern Gelegenheit, über die Mächtigen und Einflussreichen zu lachen. Der bedeutendste Komödiendichter war *Aristophanes*, der seine Stücke Ende des 5. und Anfang des 4. Jh. v. Chr. verfasste.

1 Schauspieler.
Vasenmalerei (Ausschnitt) aus Tarent (Unteritalien), um 350 v. Chr.
Der Schauspieler hat nach der Aufführung einer Tragödie die Maske zum Applaus abgenommen.
Nebenbei: Schauspieler waren ausschließlich Männer; sie spielten auch die Frauenrollen.

2 Dichter und Dichterin.
Vasenmalerei auf einem Weingefäß (Höhe 52,5 cm), um 470 v. Chr.
Beide Personen halten in der Linken das Barbiton (eine Art Zither) und in der Rechten ein Plektron zum Anreißen der Saiten.

Was es sonst noch gab
Zu den Gattungen der griechischen Dichtung, die bis heute die europäische Literatur beeinflussen, gehören die Fabeln, kurze Erzählungen, in denen Tiere menschliche Schwächen bloßstellen. Die ältesten werden *Äsop* zugeschrieben, der im 6. Jh. v. Chr. lebte.
Die griechische Literatur ist in Verse gefasst. Epen ebenso wie Dramen und Fabeln wandten sich ausschließlich an Zuhörer und Zuschauer, nicht an Leser. Dies unterscheidet sie von der heutigen Literatur. Besonders gilt dies für die *Lyrik*, die ursprünglich gesungen wurde. Sie erhielt ihre Bezeichnung von der *Lyra*, die sie beim Vortrag begleitete. Zur gesungenen Dichtung gehörte häufig Tanz.

M 1 Dionysos-Theater in Athen.
Foto, um 1990.
Dieses Theater am Südhang der Akropolis wurde zunächst mit Sitzreihen aus Holz ausgestattet, erst im 4. Jh. v. Chr. wurden solche aus Stein angefertigt. Auf den 78 Sitzreihen fanden etwa 17 000 Zuschauer Platz. Die Bauform war so angelegt, dass die Darsteller auch ohne Lautsprecher in den hinteren Reihen verstanden wurden.

M 3 Dionysos-Theater in Athen.
Grundrisszeichnung von Margarete Bieber.
Orchestra: *„Tanzplatz"; Platz für den Chor und die Schauspieler*
Parodos: *Eingang für den Chor*
Proskenion: *Bühne*
Skene: *erhöhte Bühne für die Schauspieler*
Theatron: *Zuschauerraum*

M 2 Streit zwischen Vater und Sohn

Bei den Dionysien in Athen finden regelmäßig Theaterwettbewerbe statt. Preisrichter entscheiden, welcher Dichter, welcher Regisseur und welcher Chor gewonnen hat. Eines der preisgekrönten Werke ist „Antigone" von Sophokles, das Stück wird 441 v. Chr. aufgeführt.
Das Thema: Antigone hat ihren Bruder, der seine Heimatstadt Theben angegriffen hatte, begraben, obwohl der thebanische König Kreon es bei Todesstrafe verboten hatte. Sie beruft sich auf das Gebot der Götter, dass Verstorbene von ihren Angehörigen würdig begraben werden sollen. Ihre Tat wird entdeckt. Antigone soll nach dem Willen des Königs sterben. Kreons Sohn Haimon, der mit Antigone verlobt ist, führt daraufhin mit seinem Vater folgendes Streitgespräch:

Haimon Das Volk von Theben sagt einmütig: Nein!
Kreon So sagt das Volk mir, wie ich herrschen soll? […]
Wer hat das Recht zu herrschen, wenn nicht ich?
Haimon Der Staat gehört doch nicht alleine dir.
5 *Kreon* Ist nicht der Staat das Eigentum des Herrschers?
Haimon Allein herrschst du am besten in der Wüste […].
Ich sehe, dass du dich am Recht versündigst.
Kreon Wenn ich die Herrscherwürde heilig halte?
Haimon Heilig? – Du trittst das göttliche Gesetz mit Füßen!

Der Schluss: Kreon lässt Antigone lebendig in eine Felsenhöhle einmauern. Erst ein blinder (!) Seher kann den König davon überzeugen, dass er sich damit gegen die Götter versündigt hat. Doch Kreons Einsicht kommt zu spät: Haimon ist inzwischen gewaltsam in die Höhle eingedrungen. Er findet Antigone erhängt vor und stürzt sich vor den Augen seines Vaters in sein Schwert. Als Kreons Ehefrau davon hört, verflucht sie ihren Mann und begeht ebenfalls Selbstmord. Der König bleibt als gebrochener Mann zurück.

Sophokles, Antigone 735 ff., übers. von Dieter Brückner

1. *Vergleiche die Anlage des Theaters (M 1 und M 3) mit heutigen Stadien, Parlaments- und Konzertsälen.*
2. *Untersuche den Streit zwischen Kreon und Haimon. Worüber streiten sie sich eigentlich? Wer hat die besseren Argumente? Begründe deine Meinung!*
3. *Informiere dich im Deutschunterricht über Inhalt und Absicht von Fabeln. Suche Beispiele von Äsop.*

Alexander erobert ein Weltreich

1 Alexander der Große.
Münze, um 324 v. Chr.
Die Vorderseite der wohl noch zu Lebzeiten Alexanders geprägten Münze zeigt den Herrscher als Herakles im Löwenfell. Kannst du erklären, was damit ausgedrückt werden sollte? Lies dazu nochmals den Abschnitt über die griechischen Götter und Heroen auf Seite 73.

Eine neue Großmacht: Makedonien

Im 4. Jh. v. Chr. gelang es *Philipp II.*, Makedonien politisch zu einigen und Bundesgenossen zu finden. Zugleich schuf der König eine Armee, deren Stärke vor allem auf der Phalanx der Fußsoldaten und der Reiterei beruhte. Kluge Leute wie der Athener *Demosthenes* sahen die Gefahr und mahnten die griechischen Poleis vergeblich zur Eintracht. Als Philipps Truppen anrückten, stellten sich ihnen nur Athener und Thebaner entgegen. Sie wurden 338 v. Chr. geschlagen. Viele griechische Städte verloren ihre Unabhängigkeit.

Zwei Jahre später fiel Philipp einem Mordanschlag zum Opfer. Sein zwanzigjähriger Sohn *Alexander* setzte seine Nachfolge mit Gewalt durch und unterdrückte Aufstände in Griechenland. Militärisch hatte Alexander unter seinem Vater Erfahrungen gesammelt. Dazu war er von griechischen Lehrern ausgebildet worden: Der große Philosoph Aristoteles war zeitweilig sein Lehrer. Besonders stark müssen die Götter- und Heldensagen der Griechen den jungen Alexander beeindruckt haben: Er soll mit seinen Freunden davon geträumt haben, den Taten Achills und Herakles' nachzueifern.

Die Eroberung eines Weltreichs

Um die Griechen hinter sich zu vereinen, hatte schon Philipp einen Feldzug gegen Persien geplant. Er behauptete, für die Zerstörung griechischer Heiligtümer durch die Perser vor knapp 150 Jahren Rache zu nehmen und die griechischen Städte in Kleinasien von der Fremdherrschaft befreien zu wollen. Zwei Jahre nach dem Tode seines Vaters sah Alexander seine Chance: 334 v. Chr. setzte er mit einem Heer von vielleicht 30 000 Mann nach Kleinasien über und begann den Krieg gegen die Perser.

Es gelang den Truppen Alexanders, die Heere des persischen Großkönigs mehrmals zu besiegen. *Dareios III.* verlor Krieg, Reich und auf der Flucht sein Leben.

In Ländern wie Lydien oder Ägypten, die von den Persern unterworfen worden waren, wurde Alexander teilweise als Befreier empfangen. Er ließ sich zwar als neuer Herrscher feiern, schonte aber die alten Heiligtümer und staatlichen Einrichtungen. Zeigte sich jedoch Widerstand, handelte er rücksichtslos: Als seine Truppen die phönizische Hafenstadt Tyros erst nach langer Belagerung einnehmen konnten, brachten sie 10 000 Einwohner und Soldaten um. Weitere 30 000 verkauften sie in die Sklaverei.

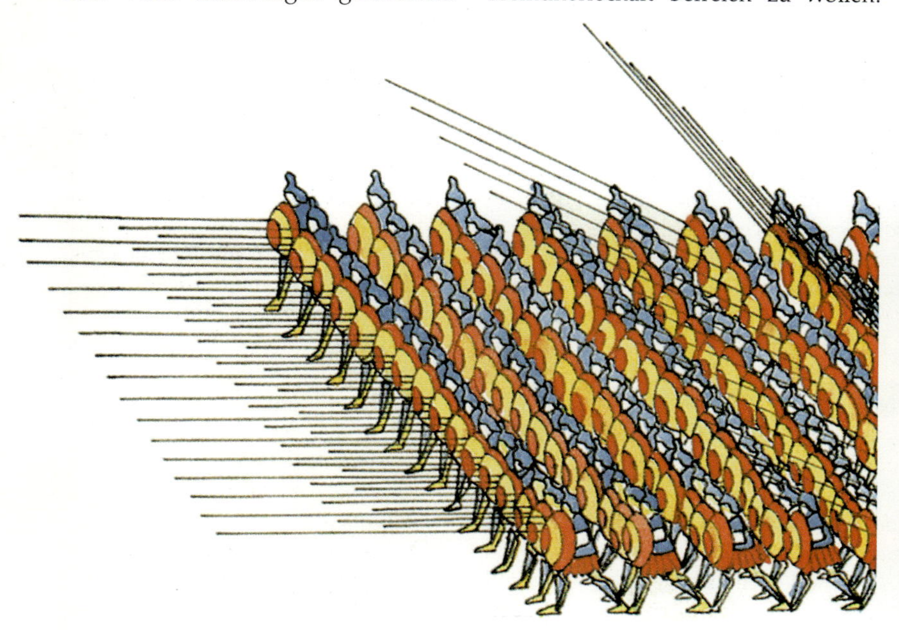

2 Die makedonische Phalanx.
Rekonstruktionszeichnung.
Wichtigster Teil von Alexanders Heer waren die schwer bewaffneten Fußsoldaten. Ihre Kampfart ähnelte der der griechischen Hopliten, aber ihre Lanzen waren wesentlich länger (etwa 4 bis 6 m).

3 Das Alexanderreich.
Welche heutigen Länder durchzogen Alexander der Große und seine Soldaten?

Die Taten eines „Großen"?
Alexander zog mit seinen Truppen immer weiter nach Osten, durch Wüsten und über Berge bis nach Nordindien, wo er 327 v. Chr. den König *Poros* mit dessen 200 Kriegselefanten besiegte. Es schien, als wollte Alexander die damals bekannte Welt erobern.
Zahlreiche Gelehrte begleiteten die Kriegszüge. Sie legten unter anderem Karten an und untersuchten die Tier- und Pflanzenwelt sowie die Bodenschätze der eroberten Gebiete. Angeblich sollen von allen unbekannten Pflanzen und Tieren Exemplare an Aristoteles geschickt worden sein.
Alexanders Verhalten empfanden bald immer mehr Soldaten als Zwang. Am Indus schließlich weigerten sie sich weiterzuziehen. Nach neun Jahren musste Alexander widerwillig den Rückzug antreten. Der Rückmarsch des Landheeres durch die Wüsten forderte Tausende von Toten. Ein kleiner Teil der Armee segelte vom Indus entlang der Küste bis zur Mündung von Euphrat und Tigris, um den Seeweg nach Indien zu erkunden.
Zurück in Susa, der alten persischen Hauptstadt, bemühte sich Alexander darum, Griechen, Makedonen und Perser zu verbinden. Er heiratete zwei persische Königstöchter und verlangte von seinen hohen Beamten und Heerführern, dass sie Ehen mit Perserinnen eingingen. Alexander wollte die griechisch-makedonischen und persischen Würdenträger seines riesigen Reiches durch verwandtschaftliche Beziehungen verbinden und so eine neue Führungsschicht schaffen.
Nicht genug damit: 10 000 makedonische Soldaten konnten nun Orientalinnen heiraten und bekamen dafür Geschenke. Die Kinder aus diesen Beziehungen sollten den „Grundstock" für eine neue Truppe sowie für ein neues Volk bilden.
All dies geschah mit Zwang und zum Befremden einiger makedonischer und griechischer Heerführer, die eine überflüssige Annäherung an „barbarische" Verhältnisse befürchteten. Sie beklagten, dass Alexander persische Hofsitten übernahm. Besucher mussten vor ihm auf die Knie fallen, als sei er ein Gott. Er reagierte auf Kritik immer öfter mit Härte – auch gegen engste Freunde. Im Rausch erschlug er seinen Jugendfreund, weil der sein persisches Gehabe kritisiert hatte.
Als Alexander die Vorbereitungen für einen neuen Feldzug nach Arabien traf, wurde er von einem Fieber gepackt. Im Juni 323 v. Chr. starb er im Alter von 32 Jahren in Babylon. Schon bald nach seinem Tode wurde er *Alexander der Große* genannt.

4 Alexander der Große.
Kopie aus der Zeit Alexanders.

Die Nachfolger
Nach Alexanders Tod zerfiel sein Reich rasch. Die Macht lag nun in den Händen der Feldherren, die sich als Nachfolger Alexanders fühlten: den **Diadochen**. Keiner gönnte dem anderen die Alleinherrschaft. Schließlich behaupteten sich drei selbstständige Königreiche: das *Ptolemäerreich* in Ägypten, das *Seleukidenreich* in Syrien und einem Teil Vorderasiens und das *Antigonidenreich* in Makedonien.

1. *Nenne die Motive für den Feldzug Alexanders.*
2. *Nimm Stellung zu Alexanders Verhalten in Susa.*

M 1 Die Alexanderschlacht.
Fußbodenmosaik aus Pompeji, entstanden um 100 v. Chr. Forscher gehen davon aus, dass dieses 5,82 x 3,13 m große Mosaik aus 4 Mio. Steinchen die Kopie eines griechischen Großgemäldes aus dem 3./2. Jh. v. Chr. ist. Dargestellt ist, wie Alexander (links) auf den persischen Großkönig Dareios III. trifft.

M 2 Das Rätsel Alexander
Bei dem griechischen Geschichtsschreiber ***Diodor****, der rund 200 Jahre nach Alexander gelebt hat, heißt es:*

In kurzer Zeit hat dieser König große Taten vollbracht. Dank seiner eigenen Klugheit und Tapferkeit übertraf er an Größe der Leistungen alle Könige, von denen die Erinnerung weiß. In nur zwölf Jahren hatte er nämlich nicht wenig von Europa und fast ganz Asien unterworfen und damit zu Recht weit reichenden Ruhm erworben, der ihn den alten Heroen und Halbgöttern gleichstellte.

Im 1. Jh. n. Chr. schreibt der römische Politiker und Philosoph ***Seneca****:*

Den unglücklichen Alexander trieb seine Zerstörungswut sogar ins Unerhörte. Oder hältst du jemanden für geistig gesund, der mit der Unterwerfung Griechenlands beginnt, wo er doch seine Erziehung erhalten hat? […] Nicht zufrieden mit der Katastrophe so vieler Staaten, die sein Vater Philipp besiegt oder gekauft hatte, wirft er die einen hier, die anderen dort nieder und trägt seine Waffen durch die ganze Welt. Und nirgends macht seine Grausamkeit erschöpft Halt, nach Art wilder Tiere, die mehr reißen als ihr Hunger verlangt.

Hans-Joachim Gehrke, Alexander der Große, München 1996, S. 9 und S. 100 f.

1. *Jahrhunderte nach Alexanders Tod wurde das Mosaik (M 1) gelegt. Beschreibe, wie Alexander und sein Gegner dargestellt wurden. Vergleiche dazu vor allem die Gesichtsausdrücke. Welcher Augenblick der Schlacht ist zu sehen?*
2. *Kannst du erkennen, für wen der Künstler Partei ergreift? Begründe!*
3. *Vergleiche das Gesicht Alexanders auf dem Mosaik mit den Porträts auf Seite 102 und 103. Welche Vorstellung vermitteln diese Bilder von Alexander? Finde dazu Adjektive.*
4. *Vergleiche die Ansichten Diodors und Senecas (M 2). Wessen Urteil überzeugt dich mehr?*
5. *Erörtert, ob Alexander den Beinamen „der Große" verdient hat.*

Was prägt die hellenistische Welt?

Überall griechischer Einfluss
Alexander der Große behielt sich alle wichtigen Entscheidungen vor und machte sich damit zum unumschränkten Herrscher. Seine Macht leitete er von einem göttlichen Willen ab. Er ließ sich schon zu Lebzeiten wie ein Gott verherrlichen.
Während der Eroberungen wurden entlang der Marschrouten Städte nach griechischem Vorbild gegründet, die nach dem Eroberer *Alexandria* hießen. Hierhin und in die älteren Städte zogen viele Griechen und Makedonen als Händler, Beamte oder einfach als Siedler. Sie bildeten eine kleine Oberschicht, die alle politischen Rechte hatte. Ihre wirtschaftlichen und religiösen Vorstellungen sowie ihre Sprache brachten die Hellenen mit. Griechisch war bald – wie heute Englisch – die internationale Sprache. Die griechische Sprache blieb in den Ländern im östlichen Mittelmeerraum auch noch Jahrhunderte später unter der Herrschaft der Römer vorherrschend.
Ebenso prägte die griechische Architektur das Bild der Städte. Überall entstanden Tempel und Theater. Die vornehmen Einheimischen mussten ihre Lebensweise anpassen, um sich zu behaupten. Umgekehrt übernahmen die Griechen Anregungen. Vor allem die östlichen Religionen übten eine große Anziehungskraft auf sie aus.
Während Wissenschaft und Künste in den Städten eine Blüte erlebten, veränderte sich auf dem Lande wenig. Hier, wo die große Mehrheit der Bevölkerung lebte und arbeitete, blieben die Menschen bei ihren ägyptischen oder orientalischen Sitten und Bräuchen.
Diese Zeit bezeichnen wir als Hellenismus, weil damals die griechische Kultur in die bekannte Welt hinausgetragen wurde.

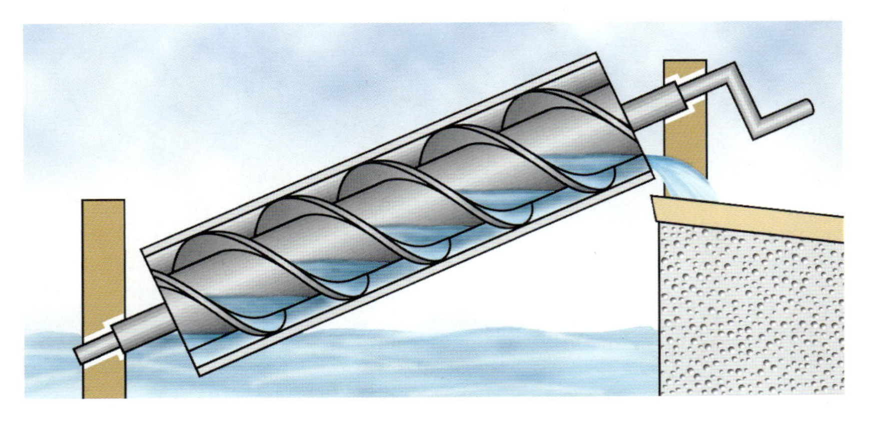

Alexandria – eine Weltstadt?
Alexander hatte 332 v. Chr. im westlichen Mündungsgebiet des Nil, an der Stelle einer alten ägyptischen Siedlung, die Stadt Alexandria gegründet. Nach griechischen Plänen entstand hier ein Zentrum der hellenistischen Kultur.
Alexandria erhielt das Recht auf den Alleinhandel mit Papyrus, Parfüm und Glas. Vor allem durch den Getreidehandel konnte die Stadt an Bedeutung gewinnen. Schiffswerften wurden errichtet und große Betriebe, die Waren auch für den Export herstellten. Alexandria zählte bis zu 600 000 Einwohner. Hier lebten Ägypter, Syrer, Juden, Araber, Perser, Afrikaner. Aber nur Griechen und Makedonen hatten Bürgerrechte.

Erfinder und Gelehrte
Der Ruhm der Stadt ging auf das *Museion* zurück, eine königliche Forschungsstätte, die nach den *Musen*, den griechischen Göttinnen der Künste und der Wissenschaften, benannt war. Nach dem Vorbild athenischer Philosophenschulen fanden sich hier die besten Gelehrten zusammen, um zu forschen und zu lehren. Für den Lebensunterhalt der Philosophen, Sprachforscher, Geschichts- und Naturwissenschaftler, Geografen und Mediziner sorgte der Herrscher. Den Gelehrten stand die bedeutendste Bibliothek der Antike zur Verfügung. Sie soll rund 700 000 Schriftrollen besessen haben.
Unter den Gelehrten, die im 3. Jh. v. Chr. in Alexandria forschten, waren *Euklid*, der Verfasser eines noch im 19. Jh. verwendeten Lehrbuches der Geometrie, sowie der berühmte Mathematiker und Erfinder *Archimedes*, der die unendliche Schraube und den Flaschenzug erfand und Waffen (Schleudern) verbesserte. *Eratosthenes* beschäftigte sich mit dem Sprachgebrauch in der Komödie, mit Philosophie, Mathematik, Astronomie (*Himmelskunde*) und Geografie. Er berechnete den Erdumfang bereits erstaunlich genau und nahm an, dass man von Spanien aus westwärts nach Indien segeln könne.

1 **Die „Archimedische Schraube".**
Rekonstruktionszeichnung.

CD-ROM-Tipp → *Rita Amedick u. a., Wunder antiker Technik. Automaten – Orgeln – Uhren – Wasserspiele, Stuttgart: Theiss*

2 **Verkaufsautomat für Weihwasser aus hellenistischer Zeit.**
Rekonstruktionszeichnung.
Was passierte, wenn eine Münze eingeworfen wurde?

M 2 Plan von Alexandria.
Die Angaben beruhen weitgehend auf Vermutungen.
Beschreibe die Lage der Stadt. Wie ist sie gegliedert? Was fällt dir am Straßenverlauf auf? Erkläre die Lage der bedeutenden Einrichtungen. Für wen waren sie bestimmt? Versuche deine Antworten jeweils zu begründen. Vergleiche den Straßenverlauf mit dem deines Schul- oder Wohnortes.

LERNTIPP

M 1 Eine Beschreibung Alexandrias

Der griechische Geograf und Geschichtsschreiber Strabon, der an der Wende vom 1. zum 2. Jh. n. Chr. lebte, beschreibt die Stadt so:

Vielseitig ist die Gunst der Lage: Von zwei Meeren wird der Platz umspült, von Norden her durch das „Ägyptische" Meer, im Süden durch den [...] Mareotischen See. Ihn speist der Nil mit vielen Kanälen [...], auf denen weit mehr eingeführt wird als vom Meere her; [...] dafür ist in dem Meereshafen die Ausfuhr aus Alexandria höher als die Einfuhr [...].
Die Grundfläche der Stadt erinnert in ihrer Form an einen Mantel, dessen Längenseiten vom Meere umspült werden, und etwa 30 Stadien [5,549 km] ausmachen; die Breitseiten, je sieben [1,295 km] oder acht Stadien [1,480 km] lang, sind die Landengen, die auf der einen Seite vom Meere, auf der anderen vom See eingeschnürt werden. Die ganze Stadt wird von Straßen durchschnitten, die Platz für Reiter und Wagen bieten; zwei sind besonders geräumig, mit einer Breite von mehr als einem Plethron [etwa 31 m], sie schneiden sich im rechten Winkel. Die Stadt besitzt sehr schöne öffentliche Bezirke und den Bezirk der Königspaläste, die ein Viertel oder gar ein Drittel des Stadtumfangs ausmachen [...].
Der Wohlstand der Stadt aber ist vor allem darin begründet, dass von ganz Ägypten allein dieser Platz zu beidem geschaffen ist: zum Seehandel wegen der guten Hafenverhältnisse und zum Binnenhandel, da der Strom wie ein bequemer Fährmann alles transportiert und an einem Platze zusammenführt, der der größte Handelsplatz der Welt ist.

Walter Arend (Bearb.), Altertum. Geschichte in Quellen, München ³1979, S. 367 f.

M 3 Der Leuchtturm von Alexandria.
Rekonstruktionszeichnung.
Für die Seeschifffahrt wurde Anfang des 3. Jh. v. Chr. auf der Insel Pharos vor Alexandria ein etwa 100 Meter hoher Leuchtturm errichtet. Dessen Feuer wurde durch einen Hohlspiegel so verstärkt, dass es noch 50 km entfernt zu sehen war. Er war der erste von einem Architekten entworfene Leuchtturm der Welt und das Vorbild aller weiteren Leucht- und Kirchtürme sowie Minarette. Der Leuchtturm von Alexandria wurde in der Antike zu den Sieben Weltwundern gezählt. Er zerfiel im 14. Jh. n. Chr.

Internettipp → *Informationen über die Sieben Weltwunder der Antike siehe unter www.raetsel-der-menschheit.de/wewu/index.htm*

1. *Wie begründet Strabon den Reichtum der Stadt (M 1)?*
2. *Informiert euch über die anderen Weltwunder der Antike. Sucht Bilder dazu und gestaltet ein Poster.*

LERNTIPP

PROJEKT

Griechisch in unserem Alltag

1. *Auf diesen Eintrittskarten findest du Begriffe, die du aus dem Geschichtsunterricht kennst. Schreibe sie heraus und überlege dir, woran es liegen könnte, dass sie in fast allen europäischen Sprachen verwendet werden.*
2. *Schreibe die gefundenen Begriffe untereinander und trage dahinter in drei Spalten jeweils Stadt, Land und Sprache ein.*
3. *Bestimme mit deutschen Ausdrücken die Bereiche, in denen die Begriffe benutzt werden.*

Was war wichtig?

Daten

um 800 v. Chr.	*In Griechenland entstehen Stadtstaaten (Poleis).*
Mitte 5. Jh. v. Chr.	*In der Polis Athen setzt sich die Herrschaft des Volkes (Demokratie) durch; die bedeutendste Zeit der antiken griechischen Kunst, Literatur und Philosophie beginnt.*

Begriffe

Antike (lat. *antiquus*: alt): in der europäischen Geschichte die Zeit von etwa 1000 v. Chr. bis ins 5. Jh. n. Chr., in der Griechen und Römer den Mittelmeerraum beherrschten.

Aristokratie (griech. *aristokratia*: „Regierung der Besten"): Ordnung des Zusammenlebens, in der die Abstammung von einer vornehmen Familie Voraussetzung für die politische Macht war.

Demokratie (griech. *demos*: Volk): Herrschaft des Volkes über sich selbst. In Athen konnten sich seit Mitte des 5. Jh. v. Chr. alle einheimischen und wehrfähigen Bürger an der Regierung und Rechtsprechung beteiligen; bei Wahlen und Abstimmungen entschied die Mehrheit der Stimmen.

Hellenismus: Zeit zwischen dem 3. und 1. Jh. v. Chr., in der die Griechen ihre Politik, Kunst und Sprache über den Mittelmeerraum und Vorderasien verbreiteten.

Kolonisation (von lat. *colere*: Land bebauen): Seit dem 8. Jh. v. Chr. wanderten Griechen aus ihrer Heimat aus. Sie gründeten rund ums Mittelmeer und an den Küsten des Schwarzen Meeres so genannte Tochterstädte. Gründe für die Kolonisation waren: Bevölkerungswachstum, Landknappheit, Konflikte zwischen Aristokraten (→ *Aristokratie*) und Volk, Kriege, Handel und Abenteurertum.

Monarchie (griech. *mon-archia*: Allein-Herrschaft): Staatsform mit einem erblichen König oder Kaiser (*Monarchen*) an der Spitze.

Olympische Spiele: Seit etwa dem 11. Jh. v. Chr. fanden in Olympia regelmäßig Feiern zu Ehren der Götter statt, zu denen auch Sportwettkämpfe gehörten; ab 776 v. Chr. sind Olympia-Sieger bekannt. An den „großen Olympien", die bald alle vier Jahre in Olympia stattfanden, durften in der Regel nur wehrfähige Männer teilnehmen. 394 n. Chr. wurden die Olympischen Spiele als heidnischer Brauch verboten. 1896 fanden in Athen erstmals wieder Olympische Spiele statt.

Polis: zunächst die griechische Bezeichnung für eine Burg und die dazugehörige Siedlung, ab etwa 800 v. Chr. für einen Ort, der aus einem städtischen Zentrum und Umland bestand. Das Zentrum war geschützter Wohnort, Sitz der Regierung und Mittelpunkt der religiösen Feiern (Tempel). Auf dem Umland wurde die Nahrung für die Einwohner angebaut. Im 5. Jh. v. Chr. gab es rund 700 griechische Stadtstaaten (*Poleis*).

Sklave: Mensch, der unfrei und rechtlos leben muss. Im Altertum wurden vor allem Kriegsgefangene versklavt. Auch freie Bürger konnten zu Sklaven gemacht werden, wenn sie ihre Verpflichtungen nicht einhielten (Schuldknechtschaft). Über Sklaven durfte wie über Gegenstände verfügt werden. Unter bestimmten Bedingungen konnten sie von ihren Eigentümern freigelassen werden.

1 Olympische Spiele in Athen.
Titelblatt des offiziellen Berichts über die 1. Olympischen Spiele der Neuzeit von 1896.

Grundfertigkeiten

Du hast in diesem Kapitel
- eine Einführung in die Arbeit mit Karten erhalten und etwas über
- die Art und Weise erfahren, wie schriftliche Quellen ausgewertet und gedeutet werden.

Darüber hinaus hast du
- verschiedene politische Ordnungen kennen gelernt und
- weitere Bilder und Rekonstruktionen antiker Bauwerke und Gegenstände untersuchen können.

800 v. Chr. | 700 v. Chr. | 600 v. Chr. | 500 v. Chr. | 400 v. Chr.

Zusammenfassung

Um 1000 v. Chr. wanderten Völker aus dem Norden nach Griechenland und Kleinasien ein und zerstörten die frühgriechische mykenische Kultur.
In der kleinräumigen Landschaft entstanden nach 800 v. Chr. zahlreiche selbstständige Stadtstaaten (griech. *Poleis*). Trotz der politischen Zerrissenheit sahen sich die Einwohner Griechenlands auf Grund ihrer gemeinsamen Sprache und Religion als kulturelle Einheit. Das wichtigste Götterfest fand alle vier Jahre im Hain von Olympia zu Ehren Zeus' statt: die Olympischen Spiele.
Die wachsende Bevölkerung und der geringe Ertrag des Bodens zwangen die Griechen seit dem 8. Jh. v. Chr., neues Siedlungsland zu suchen. An den Küsten des Schwarzen Meeres und des Mittelmeeres gründeten sie zahlreiche Tochterstädte (Kolonien).
Unter den griechischen Stadtstaaten ragten im 5. Jh. v. Chr. zwei besonders heraus: Sparta als stärkste Landmacht und Athen als führende Seemacht.
In Sparta standen zwei erbliche Könige an der Spitze des Staates. Sie vertraten die Polis vor den Göttern und führten das Heer.
In Athen wurde die Königs- und Adelsherrschaft schrittweise verdrängt und unter Perikles eine demokratische Staatsform entwickelt. Jeder Vollbürger Athens war aufgefordert, sich am politischen Leben sowie an der Rechtsprechung zu beteiligen. Keine Bürgerrechte standen allerdings den Frauen zu, die – anders als in Sparta – zurückgezogen im häuslichen Wirkungskreis lebten. Zu den Nichtbürgern Athens zählten die fremden Mitbewohner (*Metöken*) sowie die Sklaven.

Als der persische Großkönig seine Macht auf Europa ausdehnen wollte, wehrten die griechischen Stadtstaaten unter Führung Athens den Angriff durch ihre Siege bei Marathon und Salamis ab. Doch wenige Jahrzehnte nach ihrem gemeinsamen Erfolg gegen die Perser kämpften Athen und Sparta im Peloponnesischen Krieg gegeneinander um die Vorherrschaft in Griechenland. Sparta siegte zwar, doch schon zwei Generationen später geriet ganz Griechenland unter den Einfluss Phillipps II. von Makedonien.
Dessen Sohn Alexander nutzte die innere Schwäche des persischen Großreiches und eroberte es vollständig. Er schuf damit die Vorausssetzungen für den Hellenismus, für die Verbreitung der griechischen Kunst und Kultur.

Die olympische Idee
Der Franzose Baron Pierre de Coubertin (1862-1937) setzte sich für die Wiederbelebung der Olympischen Spiele ein. Über den Sinn und Zweck der olympischen Idee schrieb er 1936:

Die Olympischen Spiele feiern, heißt, sich auf die Geschichte berufen. Sie ist es, die am besten den Frieden sichern kann. Von den Völkern verlangen, sich gegenseitig zu lieben, ist eine Art Kinderei; sie aufzufordern, sich zu achten, ist keine Utopie; aber um sich zu achten muss man sich zunächst kennen.

Pierre de Coubertin, Der Olympische Gedanke. Reden und Aufsätze, Stuttgart 1967, S. 154

Diskutiert die Einstellung Coubertins. Entspricht sie den antiken Vorstellungen? Ist sie noch heute aktuell?

2 Anstecker.
Offizielles Emblem der XXX. Olympischen Spiele in Athen, Griechenland.

Lesetipps → *Buchempfehlungen zur griechischen Geschichte findest du auf Seite 118*

Exkursionstipps → *in Hessen findest du griechische Kunstwerke in:*
- *Hessisches Landesmuseum, Darmstadt*
- *Archäologisches Museum, Frankfurt am Main*
- *Liebieghaus. Museum alter Plastik, Frankfurt am Main*
- *Hessisches Landesmuseum, Kassel*
- *Schloss Wilhelmshöhe, Kassel*
- *Abgusssammlung des Archäologischen Seminars der Philipps-Universität, Marburg*

Übertrage die Zeitleiste auf ein Blatt (100 Jahre = 2,5 cm) und füge ein: wann Perikles und Alexander der Große starben, der Peloponnesische Krieg begann, die Athener die Schlacht bei Marathon gewannen und Solon als Schlichter berufen wurde.

300 v. Chr. | 200 v. Chr. | 100 v. Chr. | Christi Geburt

Wichtige Daten

vor 7 Mio. Jahren	*In Afrika tauchen menschenähnliche Lebewesen auf.*
vor 3 Mio Jahren	*„Lucy" durchstreift die Savannen Afrikas.*
vor 500 000 Jahren	*In Europa leben Frühmenschen.*
vor 40 000 Jahren	*Der Jetztmensch (homo sapiens) breitet sich in Europa aus.*
vor 10 000 Jahren	*Die Menschen werden sesshaft und gründen Siedlungen.*

ab 3 000 v. Chr.	*In Ägypten entsteht eine Hochkultur.*

um 800 v. Chr.	*In Griechenland entstehen Stadtstaaten (Poleis).*
Mitte 5. Jh. v. Chr.	*In der Polis Athen setzt sich die Herrschaft des Volkes (Demokratie) durch; die bedeutendste Zeit der antiken griechischen Kunst und Philosophie beginnt.*

Wichtige Begriffe

Altsteinzeit: erster Abschnitt der → *Geschichte*, der vor etwa 2,5 Mio. Jahren beginnt. In dieser Zeit lebten Menschen vom Jagen und Sammeln. Sie lernten Feuer zu gebrauchen. Werkzeuge und Waffen fertigten sie aus Stein, Knochen und Holz. Metalle kannten sie noch nicht.

Antike (lat. *antiquus*: alt): in der europäischen Geschichte die Zeit von etwa 1000 v. Chr. bis ins 5. Jh. n. Chr., in der Griechen und Römer den Mittelmeerraum beherrschten.

Arbeitsteilung: Jede Gemeinschaft teilt ihre Arbeiten (wie Jagen, Sammeln, Kochen, Herstellen und Handeln von Waren) nach Fähigkeiten und Erfordernissen der Mitglieder auf. In den → *Hochkulturen* entstanden durch Arbeitsteilung immer mehr Berufe.

Archäologie: Altertumsforscher (Archäologen) graben Funde aus oder untersuchen andere → *Quellen* wie Baudenkmale (alte Häuser, Stadtmauern u.a.m.), um unser Wissen über die Vergangenheit zu bereichern.

Aristokratie (griech. *aristokratia*): „Regierung der Besten"; Ordnung des Zusammenlebens, in der die Abstammung aus einer besonderen Familie (*Adel*) Voraussetzung für die politische Macht war.

Barbaren: Die Griechen bezeichneten alle Menschen mit einer für sie fremden Sprache, → *Religion* und Lebensweise als Barbaren. Der Begriff bekam im 6. Jh. v. Chr. einen abwertenden Sinn. Danach stand er für rohe und ungebildete Menschen, die jederzeit versklavt werden durften. Die Römer folgten dieser Auffassung.

Bronzezeit: Zeitabschnitt der → *Vorgeschichte*, die zwischen → *Altstein-* und → *Eisenzeit* liegt; sie ist gekennzeichnet durch die Verwendung von Bronze für Waffen, Werkzeuge und Schmuck. Die Bronzezeit begann im Vorderen Orient um 2500, in Mitteleuropa um 2200 v. Chr.

Demokratie (griech. *demos*: Volk): Herrschaft des Volkes über sich selbst; in Athen konnten sich seit Mitte des 5. Jh. v. Chr. alle einheimischen und wehrfähigen Bürger an der Regierung und Rechtsprechung beteiligen; bei Wahlen und Abstimmungen entschied die Mehrheit der Stimmen.

Diadochen: Bezeichnung für die Nachfolger Alexanders des Großen, die sein Reich in mehrere selbstständige Königreiche aufteilten.

Eisenzeit: Abschnitt der → *Geschichte*, die um 1 000 v. Chr. in Europa beginnt. In dieser Zeit stellten die Menschen Waffen, Geräte und Schmuck aus Eisen her. In Mitteleuropa prägten die keltischen Völker diese Zeit.

Gesellschaft: Alle in einem → *Staat* lebenden Menschen.

Geschichte (lat. *historia*): alles, was Menschen in der Vergangenheit gemacht haben und durch → *Quellen* überliefert wurde.

Hellenismus: Zeit zwischen dem 3. und 1. Jh. v. Chr., in der die griechische Politik, Kunst und Sprache über den ganzen Mittelmeerraum und Vorderasien verbreitet wurde.

Herrschaft: Einzelne oder mehrere Menschen üben Macht über andere aus; sie kann auf Gewalt, Ansehen (*Autorität*) und Gesetzen beruhen.

Hieroglyphen (griech. *hieros*: heilig, *glyphe*: Eingeritztes): Schriftzeichen der alten Ägypter, die Laute, Buchstaben und Zeichen wiedergeben.

Hochkultur: eine gegenüber dem einfachen Landleben weiter entwickelte Lebensform, deren Kennzeichen Städte, große Bauwerke (→ *Pyramide*), Schrift (→ *Hieroglyphen*), Verwaltung, → *Religion*, Rechtspflege, Handwerk und Handel sind. Die ersten Hochkulturen entstanden an Euphrat und Tigris, am Nil sowie am Indus und Hwangho.

Judentum: die → *Religion* des „Volkes Israel" und aller Menschen, die der jüdischen Gemeinschaft durch Geburt oder Glauben angehören. Der jüdische Glaube ist die älteste monotheistische → *Religion* (→ *Monotheismus*) und beeinflusste Christentum und Islam.

Jungsteinzeit (*Neolithikum*): Abschnitt der → *Geschichte*, der etwa 10 000 v. Chr. beginnt und in dem sich Menschen von wandernden Sammlern und Jägern (→ *Nomaden*) zu sesshaften Ackerbauern und Viehzüchtern entwickelten.

Kalender: Menschen teilen die Zeit in Tage, Monate und Jahre auf der Grundlage sich regelmäßig wiederholender Naturerscheinungen wie dem Umlauf der Erde um die Sonne und des Mondes um die Erde.

Kolonisation (von lat. *colere*: Land bebauen): Seit dem 8. Jh. v. Chr. wanderten Griechen aus ihrer Heimat aus. Sie gründeten rund ums Mittelmeer und an den Küsten des Schwarzen Meeres so genannte Tochterstädte. Gründe für die Kolonisation waren: Bevölkerungswachstum, Landknappheit, Konflikte zwischen Mitgliedern der → *Aristokratie* und dem Volk, Kriege, Handel und Abenteurertum.

Kultur (von lat. *cultus*: die Pflege): Sammelbegriff für die geistigen, religiösen und künstlerischen Errungenschaften eines Volkes (→ *Hochkultur*), die überliefert werden.

Metallzeiten: → *Bronzezeit*, → *Eisenzeit*

Monarchie (griech. *mon-archia*: Allein-Herrschaft): → *Reich* bzw. → *Staat* mit einem erblichen König oder Kaiser (*Monarchen*) an der Spitze.

Monotheismus (griech. *monos*: allein; *theos*: Gott): Glaube an einen einzigen Gott; Beispiele: → *Judentum*, Christentum und Islam). Das Gegenteil zum Monotheismus ist der → *Polytheismus*.

Mythos: die Erzählungen von Göttern, Helden und anderen Gestalten und Geschehnissen aus vorgeschichtlicher Zeit.

Neolithische Revolution: der Übergang von der aneignenden (sammelnden und jagenden) zur produzierenden Wirtschaftsweise in der → *Jungsteinzeit* (*Neolithikum*).

Nomaden: Menschen, die ihrer Nahrung hinterherziehen, d. h. die an verschiedenen Orten leben, um zu jagen und zu sammeln. Diese Lebens- und Wirtschaftsform ändert sich in der → *Jungsteinzeit*. Noch heute gibt es nomadisierende Hirtenvölker, die mit ihren Viehherden das ganze Jahr unterwegs sind.

Olympische Spiele: Seit etwa dem 11. Jh. v. Chr. fanden in Olympia regelmäßig Feiern zu Ehren der Götter statt, zu denen auch Sportwettkämpfe gehörten. Ab 776 v. Chr. sind Olympia-Sieger bekannt. An den „großen Olympien", die bald alle vier Jahre in Olympia stattfanden, durften in der Regel nur wehrfähige Männer teilnehmen. 394 n. Chr. wurden die Olympischen Spiele als heidnischer Brauch verboten. 1896 fanden in Athen erstmals wieder Olympische Spiele statt.

Orakel (lat. *oraculum*, eigentlich „Sprechstätte"): Ort, an dem durch eine Person die Zukunft gedeutet, Unbekanntes erklärt und Verborgenes aufgedeckt wird. Orakel wurden befragt, um den Willen der Götter und damit die richtige Handlungsweise in unsicheren Situationen zu erkunden.

Pharao: zunächst die Bezeichnung des Königspalastes im alten Ägypten; seit dem 2. Jh. v. Chr. ein Titel des ägyptischen Herrschers. Pharaonen galten als göttlich. Sie waren die weltlichen und geistlichen Oberhäupter der alten Ägypter.

Polis: zunächst die griechische Bezeichnung für eine Burg und die dazugehörige Siedlung, ab etwa 800 v. Chr. für einen Ort, der aus einem städtischen Zentrum und Umland bestand. Das Zentrum war geschützter Wohnort, Sitz der Regierung und Mittelpunkt der religiösen Feiern (Tempel). Auf dem Umland wurde die Nahrung für die Einwohner angebaut. Im 5. Jh. v. Chr. gab es rund 700 griechische Stadtstaaten (*Poleis*).

Polytheismus (griech. *poly*: viel; *theos*: Gott): Glaube an viele Götter. Die alten Ägypter verehrten mehrere Götter. Das Gegenteil des Polytheismus ist der → *Monotheismus*.

Pyramide: über einer quadaratischen Grundfläche mit dreieckigen, spitz zulaufenden Seiten errichtetes Grabmal. Solche Grabanlagen wurden in Ägypten von etwa 3000 bis 1500 v. Chr. nur für die Pharaonen (→ *Pharao*) erbaut, danach konnten auch andere Ägypter Pyramiden errichten lassen. Unabhängig von den ägyptischen Vorbildern entstanden später in Kambodscha, Mittel- und Südamerika Tempelpyramiden.

Quellen: Texte aus früheren Zeiten oder bis heute erhalten gebliebene Gegenstände; sie sind die Grundlagen für die Darstellung der → *Geschichte*.

Reich: großes Herrschaftsgebiet; Bezeichnung für den mehrere Stämme oder Völker umfassenden Herrschaftsbereich eines Monarchen (→ *Monarchie*).

Religion: Glaube an einen oder mehrere Götter und der sich daraus ergebende Kult (Christentum, Islam und → *Judentum*).

Sklaven: unfreie und rechtlose Menschen. Im Altertum wurden vor allem Kriegsgefangene versklavt. Auch freie Bürger konnten zu Sklaven gemacht werden, wenn sie ihre Verpflichtungen nicht einhielten (*Schuldknechtschaft*). Über Sklaven durfte wie über Gegenstände verfügt werden. Unter bestimmten Bedingungen konnten sie von ihren Eigentümern freigelassen werden.

Staat: Bezeichnung für ein abgegrenztes Herrschaftsgebiet (z. B. → *Polis*).

Stadt: Siedlung für eine große Anzahl von Menschen. Städte entstanden oft an Flussläufen und in Gebieten, in denen Ackerbau, Viehzucht und Handel betrieben wurde. Alle frühen → *Hochkulturen* entwickelten Städte. Ihre Kennzeichen sind die → *Arbeitsteilung* der Bevölkerung und ihre besondere Bedeutung für Wirtschaft, Herrschaft und Verwaltung (Regierungssitz) sowie für die Religion (Tempel).

Theater: ursprünglich ein Tanzplatz im Freien für die Aufführung von Chorlyrik; während der großen Feste der Griechen wurden in den Theatern dramatische Spiele wie Tragödien oder Komödien aufgeführt. Die Römer bauten in allen größeren Städten ihres Reiches Theater.

Tyrannis: Alleinherrschaft, die als unrechtmäßig gilt.

Vorgeschichte: die → *Geschichte* der Menschheit von den Anfängen vor über 7 Millionen Jahren bis zum Einsetzen schriftlicher → *Quellen* um 3000 v. Chr.

Menschen, die Geschichte machten

Alexander der Große (356 - 323 v. Chr.): König von Makedonien (ab 336); er eroberte ein Weltreich und verbreitete die griechische Lebensweise und Kultur (→ *Hellenismus*).

Aristoteles (384 - 322 v. Chr.): griechischer Philosoph und Wissenschaftler; er war Schüler → *Platons* und Lehrer → *Alexanders des Großen*.

Cheops: ägyptischer König, der um 2604 - 2581 v. Chr. regierte. Unter seiner Herrschaft blühte die ägyptische Kunst; er ließ die erste → *Pyramide* (*Cheops-Pyramide*) von Giza errichten.

Dareios III. (um 380 - 330 v. Chr.): ab 336/335 persischer Großkönig; seine Truppen wurden zweimal von denen → *Alexanders des Großen* geschlagen (333 bei Issos und 331 bei Gaugamela); 330 wurde er ermordet.

Hatschepsut: ägyptische Königin, die von 1490 - 1468 v. Chr. regierte; sie herrschte zunächst als Vormund für ihren Stiefsohn, behielt dann aber die Königswürde gegen dessen Willen; sie förderte den Handel und die Kunst.

Herodot (um 484 - 425 v. Chr.): griechischer Geschichtschreiber; mit seinem großen Erzählwerk *Historien* wurde er zum „Vater der Geschichtsschreibung" in Europa.

Homer (8. Jh. v. Chr.): der älteste bekannte Dichter Europas. Unter seinem Namen sind die *Ilias* und *Odyssee* überliefert. Die Römer verehrten Homer als den größten griechischen Dichter, und die bedeutendsten römischen Dichter nahmen sich Homer zum Vorbild.

Moses: Nach dem Alten Testament der Bibel führte Moses um 1250 v. Chr. das Volk der Hebräer aus der Gefangenschaft in Ägypten in das gelobte Land (Palästina). Zuvor waren ihm von Gott die Zehn Gebote übergeben worden.

Perikles (um 500 - 429 v. Chr.): athenischer Staatsmann. Er war von vornehmer Herkunft und leitete seit 443 als jährlich wiedergewählter Politiker die Geschicke der athenischen → *Demokratie*. Seine Zeit gilt als Glanzzeit Athens, sowohl künstlerisch als auch politisch. 431 begann er den Peloponnesischen Krieg um die Vorherrschaft Athens in Griechenland. Ein Jahr später wurde er abgesetzt.

Platon (428/27 - 348/47 v. Chr.): griechischer Philosoph; er und → *Aristoteles* gelten als Begründer der europäischen Philosophie.

Ramses II.: ägyptischer → *Pharao*, der von 1279 - 1213 v. Chr. regierte; er war einer der größten Bauherren Altägyptens.

Sokrates (470 - 399 v. Chr.): griechischer Philosoph aus Athen. Er philosophierte im Gespräch (*Dialog*) und hinterließ keine Schriften. Wir verdanken vor allem seinem Schüler → *Platon* Informationen über seine Lehre. Sokrates wurde wegen seines radikalen philosophischen Fragens von vielen Athenern abgelehnt und wegen verderblichen Einflusses auf die Jugend von einem Volksgericht zum Tode verurteilt. Er gilt als der wirksamste Anreger der europäischen Philosophie.

Thukydides (um 460 - nach 400 v. Chr.): athenischer Politiker und Geschichtsschreiber. Er nahm am Peloponnesischen Krieg teil und verfasste eine Geschichte des Konflikts. Thukydides begründete mit diesem Werk die wissenschaftliche Geschichtsschreibung in Europa.

Wo steht was?

*Auf den mit * gekennzeichneten Seiten findest du Erklärungen wichtiger Grundbegriffe.*

Wer steht wo?

*Auf den mit einem * gekennzeichneten Seiten findest du eine kurze Lebensbeschreibung der Person.*

Lesetipps

Für den gesamten Geschichtsunterricht der Jahrgangsstufe 6

Martin Kronenberg (Hrsg.), Geschichte und Abenteuer, Heft 1: Von der Frühgeschichte bis zur Völkerwanderungszeit. Bamberg: Buchner
Sammlung von Jugendbuchauszügen.

Jacques LeGoff, Die Geschichte Europas. Weinheim: Beltz
Der berühmte französische Historiker erzählt jungen Lesern die Geschichte Europas.

Manfred Mai, Weltgeschichte. München: Hanser
Der Verfasser erzählt die Weltgeschichte von den frühen Menschen bis zur Gegenwart.

Zur Vorgeschichte

Jill Bailey/Tony Seddon, Young Oxford Urgeschichte. Weinheim und Basel: Beltz
Eine illustrierte Geschichte der Erde und der Geschöpfe, die auf ihr leben, von den Anfängen bis zu dem heutigen Menschen.

Erich Ballinger, Der Gletschermann. Wien: Ueberreuter
Roman, der über die Welt des „Ötzis" informiert.

Justin Denzel, Tao, der Höhlenmaler. Hamburg: Dressler
Geschichte eines Steinzeitjungen, der davon träumt, Höhlenmaler zu werden.

Wolfgang Kuhn, Mit Jeans in die Steinzeit. München: dtv
Die 13-jährige Isabelle findet zusammen mit ihren Vettern und ihrer Cousine den Eingang zu einer eiszeitlichen Höhle.

Catherine Louboutin, Steinzeitmenschen: Vom Nomaden zum Bauern. Ravensburg: Maier
Illustriertes Sachbuch über den Wandel vom Jäger- zum Bauerntum.

Dirk Lornsen, Tirkan. Stuttgart: Thienemann
Tirkan lernt von seinem väterlichen Freund Harp nicht nur das Jagen. Geschichte aus der Jungsteinzeit.

Claudia Schnieper und Udo Kruse-Schulz. Auf den Spuren des Menschen. Luzern: kbv
Illustriertes Jugendsachbuch über die Rätsel der Entwicklungsgeschichte des Menschen.

Shelley Tanaka / Laurie McGraw, Die Welt des Gletschermannes. Hamburg: Carlsen
Illustriertes Sachbuch über die Lebenswelt des „Ötzi".

Arnulf Zitelmann, Kleiner Weg. Weinheim und Basel: Beltz
Ein Höhlenjunge der Vorzeit verliert seinen Clan.

Arnulf Zitelmann, Bis zum 13. Mond. Weinheim und Basel: Beltz
Die Geschichte eines Mädchens, wie sie sich vor etwa 20 000 Jahren während der letzten Eiszeit zugetragen haben mag.

Zu den Hochkulturen

Harvey Gill / Struan Reid, Das Leben im alten Ägypten. Würzburg: Arena.
Illustriertes und informatives Sachbuch.

Geraldine Harris, Das Buch vom alten Ägypten. Würzburg: Arena
Sachbuch mit vielen Illustrationen, Fotos und Karten.

Christian Jacq, Die Pharaonen. München: Hanser
Ein französischer Ägyptologe erzählt von der Zeit der Pharaonen.

Hanns Kneifel, Weihrauch für den Pharao. Stuttgart: Thienemann
Der 12-jährige Sklave Karidon kommt zu einem neuen Herrn, mit dem er eine gefährliche Seereise unternimmt.

Paul Kustermans, Timus lange Flucht. Kevelaer: Anrich
Abenteuerroman aus der Zeit von Tutanchamun (um 1330 v. Chr.).

Thomas H. Naef, Der Schreiber des Pharao. München: Artemis
Geschichte eines Fischerjungen, der zum Schreiber aufsteigt, dann Sklave in einem Bergwerk wird und auf der Flucht von dort viele Abenteuer erlebt.

Werner Laubi, König Salomo. Stuttgart: Gabriel Verlag
Die Lebensgeschichte des biblischen Königs.

Florzene Maruéjol / Philippe Pommier, Pharaonen und Pyramiden. Würzburg: Arena
Illustriertes und informatives Sachbuch.

Kathrine Robert, Der große Pyramidenraub. München: Hanser
Abenteuergeschichte aus dem alten Ägypten.

Renzo Rossi, Die Geschichte der Ägypter. München: Bertelsmann
Illustriertes Sachbuch.

Zur griechischen Geschichte

Katherine Allfrey, Die Trojanerin. München: dtv
Die jungverheiratete Trojanerin Theano erlebt den Untergang Trojas als Gefangene im Heer der Griechen.

Hans Baumann, Der große Alexanderzug. München: dtv
Die wichtigsten Lebensstationen Alexanders des Großen.

Marie-Therese Davidson / Christian Heinrich, Alexander der Große. Bindlach: Loewe
Der Feldzug Alexanders wird nach den historischen Quellen erzählt.

Christoph Haußner / Matthias Raidt, Rüya und der Traum von Troia. Hamm: Roseni
Illustrierter Jugendroman über Troja und die Ausgrabungen.

Géza Hegedüs, Fremde Segel vor Salamis. München: dtv
Ein junger Grieche erlebt den Kampf der Griechen gegen die Perser.

Margaret Hodges, Im Zeichen von Olympia. Würzburg: Arena
Abenteuer eines jungen Fürstensohnes, der ein Unrecht an seinem Vater rächen will.

Christa Holtei / Udo Kruse-Schulz, Reise in das Alte Griechenland. Düsseldorf: Patmos
Illustriertes und informatives Jugendsachbuch.

Cath Senker, Altes Griechenland. Nürnberg: Tessloff
Illustriertes und informatives Jugendsachbuch.

Carl W. Weber, Segel und Ruder. München: dtv
Über die Bedeutung der Seefahrt für die alten Griechen.

Bildnachweis

Agora Museum, Athen – S. 95; Ägyptisches Museum, Kairo – S. 5, 41, 43, 44, 45 (2), 46, 47, 48, 50 (2), 51, 52, 53 (2), 55, 56, 57 (2), 113; Andromeda, Oxfordshire – S. 99; Antikensammlung, Berlin – S. 78, 82, 93; Archäologisches Institut, Istanbul – S. 103; Archäologisches Museum im BMW-Werk, Regensburg – S. 28; Archiv für Kunst und Geschichte, Berlin – S. 4, 6, 9 (2), 22 (2), 39, 66/67, 98, 104 (2), 108, 109, 110, 113; Artothek, Weilheim - Einband; Bayerische Staatsbibliothek, München – S. 10; Bibliothéque Nationale de France, Paris – S. 5; British Museum, London – S. 42, 49, 56, 57, 58/59, 62, 63, 70, 78, 82, 87, 113; Tony Carr Colorific, London – S. 23; Bruce Coleman Ltd./Chris Borningstone, Uxbride – S. 23; Peter Conolly, London – S. 69 (2); Burkard Detzer, München – S. 28; Das waren noch Zeiten. Unser Alltag in den Fünfzigern – S. 6; Deutsches Brotmuseum, Ulm – S. 27 (2); Deutsches Uhrenmuseum, Inv.-Nr. 17-0028, Furtwangen – S. 8; Gerhard Dittrich, Bamberg – S. 24; Domkapitel, Aachen – S. 9; Dietrich Evers, Wiesbaden-Naurod – S. 20; Cornelius Focke, Bassum – S. 8; Giraudon, Paris – S. 85; John Gurch, Washington – S. 3, 7 (2), 9, 12/13, 110; Christian Hillaire, Pierrelatte – S. 21; Hirmer Verlag, München – S. 61; W. Höpfner/ E.L. Schwandtner. Haus und Stadt im klass. Griechenland, München, S. 414 – S. 92; Gilbert Hoube, Paris – S. 54; Institut für Urgeschichte, Tübingen – S. 21; Interfoto, München – S. 6; L. Jakob-Rost (Hrsg.), Das vorderasiatische Museum, Staatliche Museen Berlin – S. 38; Michael L. Katzer, Arlington Vermont – S. 96 (3); Helga Lade, Frankfurt – S. 24; Landesamt für Denkmalpflege Hessen, Wiesbaden – S. 17 (2); Landesmuseum für Natur und Mensch, Oldenburg – S. 30 (4); Musée du Louvre, Paris – S. 86; Musée Nationaux, Paris – S. 73; Musée Nationaux, Tarent – S. 95; Museo Archeologico Nazionale, Neapel – S. 84; Museo Capitolini, Rom – S. 9; Museum für Geologie und Paläntologie der Uni Heidelberg, Heidelberg – S. 15; Museum für Vor- und Frühgeschichte, Frankfurt/M. – S. 26; Museum, Ulm – S. 22; National Archaeological Museum, Athen – S. 76; Naturhistorisches Museum, Wien – S. 21; Neandertal-Museum, Mettmann – S. 15, 18; Niedersächsisches Landesamt für Denkmalpflege, Hannover – S. 17; Niedersächsisches Landesmuseum, Hannover – S. 5, 15; Dagli Orti, Paris – S. 8; Josef Perntner, Bozen – S. 31 (3); Pfahlbau-Museum, Unteruhldingen – S. 28; Prähistorische Staatssammlung, München – S. 32; Preußischer Kulturbesitz, Berlin – S. 65, 71, 73; Römer-Museum, Heidelberg – S. 55; Rosengarten-Museum, Konstanz – S. 19 (2); E.S. Ross, San Francisco – S. 23; Scharnhorst-Komitee, Bodenau – S. 10; Annemarie und Josef Scheibert, Olten – S. 63; Schulmuseum, Lohr – S. 11; Staatliche Antikensammlung, München – S. 94; Staatliche Münzsammlung, München – S. 102; Südtiroler Archäologiemuseum, Bozen – S. 35; The Metropolitan Museum of New York, New York – S. 94; Württembergisches Landesmuseum, Stuttgart – S. 29, 32, 33; Zentrale Farbbild Agentur ZEFA, Düsseldorf – S. 3, 7, 9, 36/37, 110.

LERNTIPPS

Meinungen vergleichen

Nur über wenige Ereignisse, Entwicklungen und Persönlichkeiten der Geschichte gibt es einheitliche Urteile. Zeitzeugen und Historiker sind häufig unterschiedlicher Meinung über ein Geschehen oder den Charakter eines Menschen. Das liegt einmal daran, dass alle historischen Entwicklungen vielfältig und vielschichtig sind, ebenso die handelnden Personen.
Zum anderen hängt jedes Urteil von der Einstellung ab, mit der jemand an eine Sache herangeht: Wir alle urteilen nämlich von unserem jeweiligen Standpunkt aus. Er gründet sich auf unsere bisherigen Erfahrungen und wird von unseren Interessen beeinflusst. Wir legen also unterschiedliche Maßstäbe an. Einigen von uns sind bestimmte Werte und Ziele wichtig, anderen nicht. Manchmal wandeln sich die Auffassungen im Laufe der Zeit. All das beeinflusst eine Meinung über ein Geschehen oder eine Person. Achte bei einem Vergleich mehrerer Texte zuerst auf die inhaltlichen Gemeinsamkeiten, dann auf die Unterschiede. Suche nach Gründen für unterschiedliche Urteile.

Ein Beispiel für die unterschiedliche Beurteilung eines Herrschers findest du auf Seite 104.

LERNTIPP → *Dieses Logo zeigt dir auf den Seiten dieses Buches weitere Lerntipps oder erinnert dich an die Informationen auf diesen Vorsatzblättern. Wenn du Aufgaben bearbeitest, solltest du dich von den Anregungen leiten lassen.*

Bücher finden

Wenn du ein Thema gründlich erarbeiten willst, benötigst du Fachliteratur.
In der Schul- oder Stadtbücherei sind Bücher alphabetisch in einem Verfasser- und in einem Sachkatalog aufgelistet. Auf einer Karteikarte oder auf einem Bildschirm erhältst du Angaben über Verfasser, Erscheinungsort und -jahr sowie die Signatur: eine Folge von Zahlen und Buchstaben, mit denen das Werk in der Bibliothek eingetragen ist.
Findest du zu deinem Thema mehr Bücher, als du auswerten kannst, musst du einige auswählen. Prüfe dann anhand des Inhaltsverzeichnisses, ob das Buch für dich ergiebig sein könnte.

Und das Internet?* Seine Bedeutung für die Beschaffung auch wissenschaftlicher Informationen wächst, zumal aus dem Ausland. Es kann die Arbeit in der Bibliothek nicht ersetzen, aber ergänzen.

* *Zum Internet siehe das entsprechende Vorsatzblatt vorne.*

Lesetipps zu einem bestimmten Thema findest du auf Seite 75, allgemeine Lektürehinweise siehe auf Seite 118.